Johann Sebastian

BACH

389 CHORALES

for SATB Voices
with German text

CHORAL SCORE

K 06002

Kalmus

TEXT OF FIRST LINES

1. Ach bleib bei uns, Herr Jesu Christ. (Bach-Ausgabe Bd. 39, Choräle No 1.)

Etwas geänderter Alt eines Tonsatzes von S. Calvisius 1594.

Sopran.
Alt.
Tenor.
Bass.
Ach bleib bei uns, Herr Je_su Christ, weil es nun A_ _ _bend wor_den ist; dein göttlich Wort, das hel_le Licht, lass ja bei uns aus_lö_schen nicht!
(9 Strophen.)

Nicolaus Selnecker 1579.

2. Ach Gott, erhör' mein Seufzen! (B. A. 39. No 2.)

Praxis pietatis, Frankfurt 1662.

Ach Gott, er_hör' mein Seuf_zen und Weh_kla_gen, lass mich in mei_ner Noth nicht gar ver_za_gen, du weisst mein'n Schmerz, er_kennst mein Herz, hast du mir's auf_er_legt, so hilf mir's tra_gen!
(8 Str.)

Iac. Peter Schechs. 1648.

3. Ach Gott und Herr. (B. A. 39, № 3.)

As hymnodus sacer, Leipzig 1625.

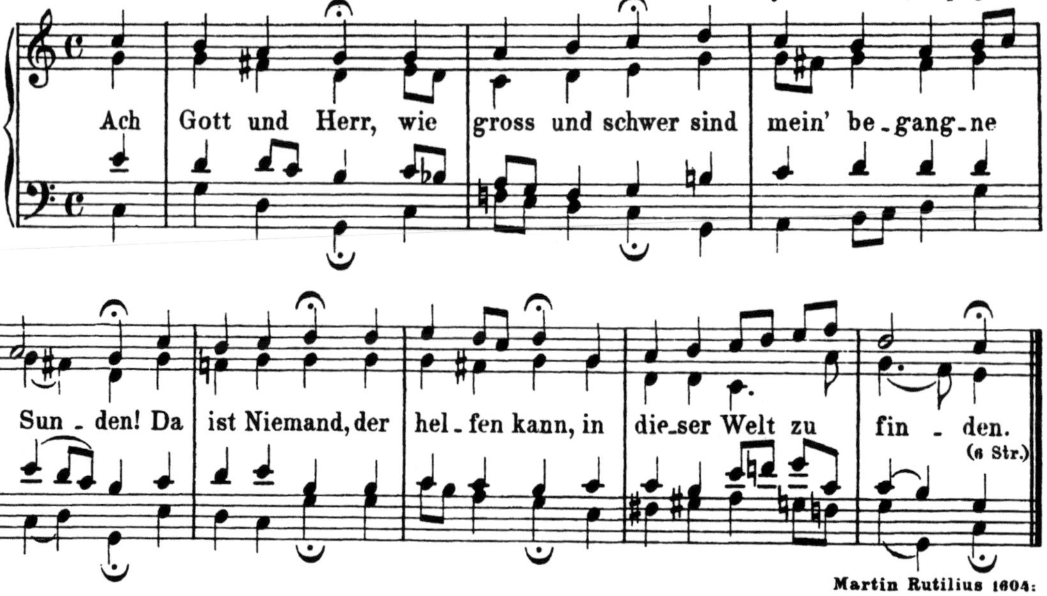
Ach Gott und Herr, wie gross und schwer sind mein' be_gang_ne
Sun_den! Da ist Niemand, der hel_fen kann, in die_ser Welt zu fin_den.
(6 Str.)

Martin Rutilius 1604:

4. Ach Gott und Herr. (Cantate № 48. Ich elender Mensch. B. A. 10. S. 288.)

As hymnodus sacer, Leipzig 1625.

Soll's ja so sein, dass Straf' und Pein auf Sünden fol_gen müs_sen: so
Cont.
fahr hier fort und schone dort, und lass mich hier wohl bü_ _ _ _ _ _ssen!
6 Str. (4. Strophe des Liedes: Ach Gott und Herr.)

M. Rutilius 1604.

5. Ach Gott, vom Himmel sieh' darein.

(Cant. 153. Schau, lieber Gott, wie meine Feind' B. A. 32, 43.)

Erfurter Enchiridion 1524.

Schau', lieber Gott, wie mei_ne Feind', da_mit ich stets muss käm_pfen,
so li_stig und so mächtig seind, dass sie mich leichtlich däm_pfen!

Herr, wo mich dei - ne Gnad' nicht hält, so kann der Teu - fel,
Fleisch und Welt mich leicht in Un - glück stür - - - zen.
(10 Str.)

Dav. Denicke 1661.

6. Ach Gott, vom Himmel sieh' darein.

(Cant. 77. Du sollst Gott, deinen Herren, lieben. B. A. 18, 254.)

Erfurter Enchiridion 1524.

*) Du stellst, mein Je - su, sel - ber dich zum Vor - bild wah - rer Lie -
be: gieb mir auch Gnad' und Kraft, dass ich Gott und den
Näch - sten lie - - be; dass ich bei Al - lem, wo ich kann,
stets lieb' und hel - fe je - der - mann nach dei - nem Wort und Wei - se.

*) In der B. A. fehlt diesem Choral der Text. Die obige Strophe ist der Bach'schen Originalpartitur von Zelter aus einem unbekannten Liede untergelegt worden.

7. Ach Gott, vom Himmel sieh' darein.

(Cant. 2. Ach Gott, vom Himmel sieh' darein. B. A. 1, 72.)

Erfurter Enchiridion 1524.

1. Ach Gott, vom Himmel sieh da_rein und lass dich dess er_bar_men,
wie we_nig sind der Heil'gen dein, ver_las_sen sind wir Ar_men:
6. Das wollst du Gott be_wah_ren rein vor die_sem arg'n Ge_schlech_te,
und lass uns dir be_foh_len sein, dass sich's in uns nicht flech_te,
dein Wort man lässt nicht ha_ben wahr, der Glaub' ist auch ver_
der gott_los' Hauf' sich um_her find't, wo sol_che lo_se
lo_schen gar bei al_len Men_schen_kin_dern.
Leu_te sind in dei_nem Volk er_ha_ben.
6 Str. (In der B. A. nur die 6. Str.)

Martin Luther 1524.

8. Ach Gott, wie manches Herzeleid.

(Herr Jesu Christ, mein's Lebens Licht.)

(Cant. 3. Ach Gott, wie manches Herzeleid. B. A. 1, 94.)

As hymnodus sacer, Leipzig 1625.
Jos. Clauder 1630.

1. Ach Gott, wie manches Her_ze_leid be_geg_net mir zu die_ser Zeit. Der
18. Er_halt' mein Herz im Glauben rein, so leb' und sterb' ich dir al_lein. Je_
schma_le Weg ist trüb_sal_voll, den ich zum Him_mel wan_dern soll.
su, mein Trost, hör' mein Be_gier: o mein Hei_land, wär' ich bei dir!
18 Str. (In der B. A. nur die 18. Str.)

Mart. Moller ?1590.

9. Ach Gott, wie manches Herzeleid.

(Herr Jesu Christ, mein's Lebens Licht.)

(Cant. 153. Schau lieber Gott! B. A. 32, 58.)

As hymnodus sacer, Leipzig 1625.
J. Clauder 1630.

1. Drum will ich, weil ich le_be noch, das Kreuz dir fröh_lich tra_gen nach;
2. Hilf mir mein' Sach' recht grei_fen an, dass ich mein'n Lauf voll_en_den kann,
3. Er_halt' mein Herz im Glau_ben rein, so leb' und sterb' ich dir al_lein;
mein Gott mach' mich dar_zu be_reit, es dient zum Be_sten al_le_zeit!
hilf mir auch zwin_gen Fleisch und Blut, für Sünd und Schan_den mich be_hüt'!
Je_su, mein Trost, hör' mein Be_gier, o mein Hei_land, wär' ich bei dir!
18 Str. (Str. 16-18 des Liedes: Ach Gott, wie manches Herzeleid.)

Martin Moller 1587.

10. Ach, was soll ich Sünder machen. (B. A. 39. № 7.)

Joh. Flitner, 1661
(nach einer weltlichen Melodie)

Ach, was soll ich Sün_der ma_chen? ach was soll ich fan_gen an,
mein Ge_wis_sen klagt mich an, es be_gin_net auf_zu_wa_chen:
dies ist mei_ne Zu_ver_sicht, mei_nen Je_sum lass' ich nicht.
(7 Str.)

Joh. Flitner 1661.

S: 1-2-3-3 1-2-3-3 T: 3-2-1-1 6-7-1-1
A: 5-5-5-5 3-5-5-5 B: 1-7-1-1 6-5-1-1

11. Ach wie flüchtig, ach wie nichtig. (Cant. 26. Ach wie flüchtig B. A. 5 I. 216.)

Michael Franck 1652.

1. Ach wie flüchtig, ach wie nichtig ist der Men - schen Le - - ben!
13. Ach wie flüchtig, ach wie nichtig sind der Men - schen Sa - - chen!
Cont.

memorize two measures, one in a one in C

Wie ein Ne - bel bald ent - ste - het und auch wie - der
Al - les, Al - les, was wir se - hen, das muss fal - len

bald ver - ge - het. so ist un - ser Le - ben se - het.
und ver - ge - hen; wer Gott fürcht't, wird e - wig ste - hen.
13 Str. (In der B. A. nur die 13. Str.)

Mich. Franck 1652.

12. Allein Gott in der Höh' sei Ehr'. (B. A. 39. № 8.)

Valentin Schumannsches G. B. 1539 (1526).

Al - lein Gott in der Höh' sei Ehr' und Dank für sei - ne Gna - de,
da - rum, dass nun und nimmermehr uns rüh - ren kann kein Scha - de!

Ein Wohl - ge - fall'n Gott an uns hat, nun ist gross Fried ohn'

Nic. Decius 1526.

13. Allein Gott in der Höh' sei Ehr'.

(Cant. 104. Du Hirte Israel, höre. B. A. 23, 116.)

Nic. Decius 1526.
Val. Schumannsches G. B. 1539.

Der Herr ist mein ge - treu - er Hirt, dem ich mich ganz ver - trau - e;
Zur Weid' er mich, sein Schäflein, führt, auf schö - ner, grü - ner Au - e;
zum fri - schen Was - ser leit't er mich, mein' Seel' zu la - ben
Taille

kräf - tig - lich durch's sel' - ge Wort der Gna - den.
(3 Str.)

Cornelius Becker 1602.

In der Ausgabe der Choräle vom J. 1785 steht der Schluss unter Nº 125 so:

14. Allein Gott in der Höh' sei Ehr'.

(Cant. 112. Der Herr ist mein getreuer Hirt. B. A. 24, 48.)

Nic. Decius 1526.
Val. Schumannsches G. B. 1539.

Hörner.
Ob.
1. Der Herr ist mein ge - treu - er Hirt, hält mich in sei - ner Gü - - - te,
da - rinn mir gar nichts mangeln wird, ir - gend an ei - nem Gu - - - te
5. Gu - tes und die Barm - her - zig - keit fol - gen mir nach im Le - - - ben,
und ich werd' blei - ben al - le - zeit im Haus des Her - ren e - - - ben:
Er wei - det mich ohn' Un - ter - lass, da - rauf wächst das wohl -
auf Erd' in christ - li - cher Ge - mein', und nach dem Tod da
schme - ckend Gras sei - nes heil - sa - men Wor - - - tes.
werd' ich sein bei Chri - sto, mei - nem Her - - - ren.
5 Str. (In der B. A. nur die 5. Str.)

Wolfgang Musculus? 1531 u. 1533.

15. Allein zu dir, Herr Jesu Christ. (B. A. 39, № 9.)

Val. Babst. G. B. 1545.

Al _ lein zu dir, Herr Je _ _ _ su Christ, mein
Ich weiss, dass du mein Trö _ _ _ ster bist, kein
Hoff _ nung steht auf Er _ _ _ _ _ _ _ _ _ den.
Trost mag mir sonst wer _ _ _ _ _ _ _ _ _ den.
Von An _ be _ ginn ist Nichts er _ kcr'n, auf Er _ den ist kein Mensch ge _
bor'n, der mir aus Nö _ then hel _ fen kann, ich ruf'
dich an, zu dem ich mein Ver _ trau _ en han.
(4 Str.)

Joh. Schneesing 1542.

16. Allein zu dir, Herr Jesu Christ.

(Cant. 33. Allein zu dir, Herr Jesu Christ. B. A. 7, 114.)

Val. Babst. G. B. 1545.

Ehr' sei Gott in dem höch - sten Thron, dem Va - ter al - - - - ler Gü - te,
und Je - sum Christ, sein'm lieb - - sten Sohn, der uns all - zeit be - hü - - te,
Cont.
und Gott, dem hei - li - gen Gei - ste, der uns sein' Hülf' all - zeit lei - ste, da - mit wir ihm ge - fäl - lig sein, hier in die - - ser Zeit und fol - gends zu der E - - - wig - keit.
4 Str. (Str. 4 des Liedes: Allein zu dir H. J. Ch.)

Joh. Schneesing 1542.

17. Alle Menschen müssen sterben. (B. A. 39, № 10.)

Joh. Hintze 1678.

Al - le Menschen müs - sen sterben, al - les Fleisch ver - geht wie Heu,
was da le - bet muss ver - der - ben, soll' es an - ders wer - den neu. -

Die_ser Leib der muss ver - we_sen, wenn er e - wig soll ge_ne_sen
der so gro_ssen Herr - lich - keit, die den From_men ist be - reit'.
(7 Str.)

Johann Georg Albinus 1652.
(Joh. Rosenmüller?)

18. Alle Menschen müssen sterben.

(Cant. 162 Ach, ich sehe, jetzt da ich zur Hochzeit gehe. B. A. 33, 46.)

Der Mel. „Jesu, der du meine Seele" nachgebildet.
(Umbildung von Bach ?)

Ach, ich ha - be schon er - bli - cket al - le die - se Herr_lich_keit!
Jetzund werd ich schön ge - schmücket mit dem weissen Himmelskleid;
tr
mit der güld_nen Eh - ren - kro - ne steh ich da vor Got_tes Thro_ne,
(tr)
(tr)
schau_e sol - che Freu - de an, die kein En - de neh - men kann.
7 Str. (Str. 7 des Liedes: Alle Menschen müssen sterben.)

Johann Georg Albinus 1652.
(Joh. Rosenmüller?)

19. Alles ist an Gottes Segen. (B. A. 39. № 11.)

Nach J.B. Königs Choralb. 1738, umgebildet.

Al_les ist an Got_tes Se_gen und an sei_ner Gnad' ge_le_gen
ü_ber al_les Geld und Gut. Wer auf Gott sein' Hoff_nung setzet,
der be_hält ganz un_ver_le_tzet ei_nen frei_en Hel_den_muth.
(6 Str.)

1676.

20. Als der gütige Gott. (B. A. 39. № 12.)

Mich. Weisse 1531. Joh. Crüger 1640.

1. Als der gü_ti_ge Gott, voll_en_den wollt' sein Werk, sand er sein' En_gel
2. in die Stadt Na_za_reth, da er ein Jung_frau hatt', die Ma_ri_a ge_
schnell, des Na_me Ga_bri_el, ins ga_li_läisch Land,
nannt, Jo_seph nie hatt' er_kannt, dem sie ver_trau_et war.
(12 Str.) In der B. A. nur die 1. Str.

M. Weisse 1531.

21. Als Jesus Christus in der Nacht. (B. A. 39. No. 13.)

Joh. Crüger 1649.

1. Als Je-sus Christus in der Nacht, da-rin er ward ver-ra-then, auf un-ser Heil war ganz be-dacht, das-selb' uns zu er-stat-ten.
2. Da nahm er in die Hand das Brod, und brach's mit sei-nen Fin-gern, sah auf gen Him-mel, dank-te Gott, und sprach zu sei-nen Jün-gern:
3. Nehmt hin und esst, das ist mein Leib, der für euch wird ge-ge-ben, und den-ket, dass ich eu-er bleib' im Tod und auch im Le-ben.
(9 Str.) In der B. A. nur die 1. Str.

Joh. Heermann 1636.

22. Als vierzig Tag' nach Ostern war'n. (B. A. 39. No. 14.)
(Erschienen ist der herrlich' Tag.)

Nic. Herman. 1560
(sehr umgebildet.)

Als vierzig Tag' nach O-stern war'n und Chri-stus wollt' gen Him-mel fahr'n, b'schied er sein' Jün-ger auf ein Berg, auf ein Berg, voll-en-det da sein Amt und Werk. Hal-le-lu-ja!
(14 Str.)

Nic. Herman. 1560.

23. An Wasserflüssen Babylon. (B. A. 39. № 15.)

Wolfg. Dachstein. 1525.

Ein Lämmlein geht und trägt die Schuld der Welt und ih - rer Kin - der;
es geht und bü - sset in Ge - duld die Sün - den al - ler Sün - der.
An Was - ser - flüs - sen Ba - by - lon, da sa - ssen wir mit Schmer - zen,
als wir ge - dach - ten an Zi - on, da wein - ten wir von Her - zen.
Es geht da - hin, wird matt und krank, er - giebt sich auf die Wür - ge - bank, ver -
Wir hin - gen auf mit schwerem Muth die Har - fen und die Or - geln gut an
zeiht sich al - ler Freu - den, es nim - met an Schmach, Hohn und Spott, Angst,
ih - re Bäum' der Wei - den, die drin - nen sind in ih - rem Land; da
Wun - den, Striemen, Kreuz und Tod, und spricht: Ich will gern lei - - - den.
(10 Str.) P. Gerhardt 1653.
mussten wir viel Schmach und Schand' täg - lich von ih - - nen lei - - - den.
(5 Str.) Wolfg. Dachstein 1525.
ih - nen lei - - - - den.

24. Auf, auf, mein Herz, und du mein ganzer Sinn.

(B. A. 39. Nº 16.)

Stenger 1663.
(J. Stadens Melodey) umgebildet.
Erfurter G. B. 1663.

Auf, auf, mein Herz, und du, mein gan - zer
Sinn, wirf Al - les das, was Welt ist, von dir hin; im
Fall du willst, was gött - lich ist, er - - lan - - gen, so
lass den Leib, in dem du bist ge - fan - - gen.
(12 Str.)

Martin Opitz. 1624

25. Auf meinen lieben Gott. (Cant.188. Ich habe meine Zuversicht. B.A.37, 212.)

J. H. Schein 1627.

Auf mei_nen lie_ben Gott trau ich in Angst und Noth. Der
kann mich all_zeit ret_ten aus Trüb_sal, Angst und Nö_ _then; mein
Un_glück kann er wen_ _den: steht All's in sei_nen Hän_ den.
(5 Str.)

Siegmund Weingärtner. 1609.

26. Auf meinen lieben Gott. (Cant.89. Was soll ich aus dir machen, Ephraim? B.A.20 I,194.)

J. H. Schein 1627.

1. Wo soll ich flie_hen hin, weil ich be_schwe_ret bin, mit
7. Mir man_gelt zwar sehr viel, doch, was ich ha_ben will, ist
Cont.
vie_len, gro_ssen Sün_den? Wo kann ich Ret_tung fin_ _den? Wann
Al_les, mir zu gu_ _te, er_langt mit dei_nem Blu_ _te, da_

al - le Welt her - kä - - me, mein Angst sie nicht weg - neh - - me.
mit ich ü - ber - win - - de Tod, Teu - fel, Höll' und Sün - - de.
11 Str. (In der B.A. nur die 7. Str.)

Johann Heermann. 1630.

27. Auf meinen lieben Gott. (Cant. 136, Erforsche mich Gott. B. A. 28, 164.)

J. H. Schein 1627.

Violine I.
Dein Blut, der ed - le Saft, hat sol - che Stärk' und Kraft, dass
Cont.
auch ein Tröpflein klei - - ne die gan - ze Welt kann rei - - ne, ja,
gar aus Teu - fels Ra - - chen frei, los und le - dig ma - - chen.
11 Str. (Str. 9 d. Liedes: Wo soll ich fliehen hin.)

Johann Heermann. 1630.

28. Auf meinen lieben Gott.

(Cant. 5, Wo soll ich fliehen hin. B. A. 1, 150.)

J. H. Schein 1627.

Führ' auch mein Herz und Sinn durch dei_nen Geist da _ hin, dass
ich mög' al_les mei _ den, was mich und dich kann schei _ den, und
ich an dei_nem Lei _ be ein Glied_mass e _ wig blei _ be.
11 Str. (Str. 11 des Liedes: Wo soll ich fliehen hin.)

Joh. Heermann 1630.

29. Auf meinen lieben Gott.

(Cant. 148, Bringet dem Herrn Ehre seines Namens. B. A. 30, 260.)

Joh. H. Schein 1627.

Führ' auch mein Herz und Sinn durch dei_nen Geist da _ hin, dass
ich mög' al_les mei _ den, was mich und dich kann schei _ den, und

ich an dei - nem Lei - be ein Glied - mass e - wig blei - be.
11 Str. (Str. 11 des Liedes: Wo soll ich fliehen hin.)

Joh. Heermann 1630.

30. Aus meines Herzens Grunde. (B. A. 39, № 17.)

Dav. Wolder 1598.

Aus mei - nes Her - zens Grun - de sag' ich dir Lob und Dank,
in die - ser Mor - gen - stun - de, dar - zu mein Le - be - lang,

o Gott in dei - nem Thron, dir zu Lob, Preis und Eh - ren, durch

Chri - stum, un - sern Her - ren, dein' ein - ge - bor - nen Sohn.
(7 Str.)

Zuerst 1592.

31. Aus tiefer Noth schrei ich zu dir.

(Cant. 38, Aus tiefer Noth schrei ich zu dir. B.A.7,300.)

Martin Luther 1524.

1. Aus tie - fer Noth schrei ich zu dir, Herr Gott er - höhr' mein Ru - fen!
Dein gnä - dig Ohr'n neig' her zu mir und mei - ner Bitt sie öff - ne.
5. Ob bei uns ist der Sün - den viel, bei Gott ist viel mehr Gna - de,
sein' Hand zu hel - fen hat kein Ziel, wie gross auch sei der Scha - de.
Cont.
Denn so du willst das se - hen an, was Sünd und Un - recht
Er ist al - lein der gu - te Hirt, der Is - ra - el er -
ist ge - than, wer kann Herr vor dir blei - - - - ben.
lö - sen wird aus sei - nen Sün - den al - - - - len.
5 Str. (In der B. A. nur die 5. Str.)

Martin Luther 1524.

32. Befiehl du deine Wege. (B. A. 39, Nº 20.)

Barth. Gesius 1603.

Be - fiehl du dei - ne We - ge, und was dein Her - ze kränkt,
der al - ler - treu - sten Pfle - ge des, der den Him - mel lenkt.

Der Wol ken, Luft und Win - den gibt We-ge, Lauf und Bahn, der
wird auch We - ge fin - - den, die dein Fuss ge - hen kann.
(12 Str.)

P. Gerhardt 1656.

33. Christ, der du bist der helle Tag. (B. A. 39, Nº 21.)

G. B. der Böhm. Brüder 1566.

Christe, qui lux es et dies.

Christ, der du bist der hel - le Tag, vor dir die Nacht nicht
blei - ben mag; du leuch - test uns vom Va - ter her und
bist des Lich - tes Pre - di - ger, und bist des Lich - tes Pre - di - ger.
(7 Str.)

Erasmus Alberus 1556.

34. Christe, der du bist Tag und Licht. (B. A. 39, № 22.)

Jos. Klug G. B. 1535.

1. Chri - ste, der du bist Tag und Licht, vor dir ist, Herr, ver - - bor - gen nichts; du vä - ter - li - - ches Lich - tes Glanz, lehr' uns den Weg der Wahr - heit ganz.
2. Wir bit - ten dein' gött - li - che Kraft, be - hüt' uns, Herr, in die - - ser Nacht; be - - wahr uns, Herr, vor al - - lem Leid, Gott Va - ter der Barm - - her - - zig - - keit.
7 Str. (In der B. A. nur die 1. Str.)

Wolfg. Meuslin 1526.

35. Christe, du Beistand deiner Kreuzgemeinde.

(B. A. 39, № 23.)

Matthäus Apelles von Löwenstern 1644.

Chri - ste, du Bei - - stand dei - ner Kreuz - ge - mei - -
ne, ei - le, mit Hülf' und Ret - tung uns er - schei - ne; steu -
re den Fein - - den: ih - re Blut - ge - tich - - te ma -
che zu nich - - te, ma - che zu nich - - te.
(4 Str.)

M. A. von Löwenstern 1644.

36. Christ ist erstanden. (B. A. 39, № 24.)

Jos. Klug G. B. 1535.

Christ ist er - stan - - den von der Mar - ter al - -
le: des soll'n wir al - le froh sein; Chri -
stus will un - ser Trost sein. Ky - ri - e - - leis.
Wär' er nicht er - stan - den, so wär' die Welt ver - gan - gen: seit
dass er nun er - stan - den ist, so lo - ben wir den Her - ren Christ,
ben wir den

Schon um 1200 bekannt.

37. Christ ist erstanden.

(Cant. 66, Erfreut euch, ihr Herzen. B. A. 16, 214.)

3ter Satz.

Jos. Klugsches G. B. 1535.

Um 1200 bekannt.

38. Christ lag in Todesbanden. (B. A. 39, Nº 25.)

Joh. Walter G. B. 1524.

Christ lag in To-des - ban - den für un - ser Sünd' ge - ge - ben,
der ist wie-der er - stan - den und hat uns bracht das Le - ben.
Dess wir sol - len fröh-lich sein, Gott lo - ben und ihm dank-bar sein, und
sin - gen Hal - le - lu - - ja, Hal - le - lu - - ja!
(7 Str.)

M. Luther 1524.

39. Christ lag in Todesbanden. (B. A. 39, Nº 26.)

Joh. Walter G. B. 1524.

Christ lag in To - des - ban - den für un - ser Sünd' ge - ge - ben,
der ist wie - der er - stan - den und hat uns bracht das Le - ben.
und ihm dank - bar
Dess wir sol - len fröh - lich sein, Gott lo - ben und ihm dank - bar sein, und

Hal - le - lu - - ja, Hal - le - lu - - - ja.
sin - gen Hal - - le - lu - ja, Hal - le - lu - - - ja.
Hal - le - lu - - ja, Hal - - - - le - lu - ja.
(7 Str.)
le - lu - ja, Hal - - - - le - lu - - ja.

M. Luther 1524.

40. Christ lag in Todesbanden.

(Cant. 158. Der Friede sei mit dir. B. A. 32, 154.)

Joh. Walter 1524.

Hier ist das rech - te O - ster - lamm, da - von Gott hat ge - bo - ten,
das ist hoch an des Kreu - zes Stamm in hei - sser Lieb' ge - bra - ten:
des Blut zeichnet uns - re Thür', das hält der Glaub' dem To - de für, der
NB. Die obere Lesart nach der Ausgabe von 1786, die untere nach der B. A. Cant. 158.
Wür - ger kann uns nicht rüh - ren Hal - - le - lu - - ja.
7 Str. (Str. 5 des Liedes: Christ lag in Todesbanden.)
Hal - le lu - - - ja.
M. Luther 1524.

41. Christ lag in Todesbanden.

(Cant. 4. Christ lag in Todesbanden. 1, 124.)

Joh. Walter G. B. 1524.

Wir es - sen und le - ben wohl im rech - ten O - ster - fla - den
Der al - te Sauer - teig nicht soll sein bei dem Wort der Gna - den,
Cont.
Chri - stus will die Ko - ste sein und spei - sen die Seel' al - lein, der
Glaub' will keins an - dern le - ben. Hal - le - lu - jah!
7 Str. (Str. 7 des Liedes: Christ lag in Todesbanden.)

M. Luther 1524.

42. Christum wir sollen loben schon.

(Cant. 121. Christum wir sollen loben schon. B. A. 26, 20.)

Erfurt 1524.

Lob, Ehr' und Dank sei dir ge - sagt, Christ ge - bor'n von
ge - bor'n
— der rei - nen Magd, sammt Va - - - ter und dem heil' -
von

M. Luther 1524.

43. Christ, unser Herr, zum Jordan kam. (B. A. 39, № 27.)

Joh. Walter G. B. 1524.

Christ, un - ser Herr, zum Jor - dan kam nach sei - nes Va - ters Wil - len,
von Sankt Johann's die Tau - fe nahm, sein Werk und Amt zu 'rfül - len;
da wollt' er stiften uns ein Bad, zu waschen uns von Sün - den, er - säu - fen auch den
bit - tern Tod durch sein selbs Blut und Wun - den. Es galt ein neu - es Le - ben.
(7 Str.)

M. Luther 1541.

44. Christ, unser Herr, zum Jordan kam.

(Cant. 7. Christ, unser Herr, zum Jordan kam. B. A. 1, 210.)

Joh. Walter G. B. 1524.

Das Aug' al-lein das Was-ser sieht, wie Menschen Wasser gie-ssen:
der Glaub im Geist die Kraft ver steht des Blu-tes Je-su Chri-sti;
Cont.
und ist vor ihm ein' ro-the Flut von Christi Blut ge-fär-bet, die al-len Schaden
heilet gut, von A-dam her ge-er-bet, auch von uns selbst be-gan-gen.
7 Str. (Str. 7 des Liedes: Christ unser Herr, zum Jordan kam.)

M. Luther 1541.

45. Christ, unser Herr, zum Jordan kam.

(Cant. 176. Es ist ein trotzig und verzagt Ding. B. A. 35, 198.)

Joh. Walter G. B. 1524.

1. Was al-le Weisheit in der Welt bei uns hier kaum kann
8. Auf dass wir al-so all-zu-gleich zur Him-mels-pfor-te
lal-len, das lässt Gott aus dem Himmels-zelt in al-le Welt er
drin-gen und der-mal-einst in dei-nem Reich ohn' al-les En-de-

schal - len: dass er al - lei - ne Kö - nig sei, hoch ü - ber al - le
sin - gen: dass du al - lei - ne Kö - nig seist, hoch ü - ber al - le
Göt - - ter, gross, mäch - tig, freund - lich, fromm und treu, der
Göt - - ter, Gott Va - ter, Sohn und heil' - ger Geist, der
From - men Schutz und Ret - - ter, ein We - sen, drei Per - so - nen.
From - men Schutz und Ret - - ter, ein We - sen, drei Per - so - - nen.
8 Str. (In der B. A. nur die 8 Str.)

Paul Gerhardt 1656.

46. Christus, der ist mein Leben. (B. A. 39, №. 28.)

Melchior Vulpius 1609.

Chri - stus, der ist mein Le - - ben und Ster - ben mein Ge -
winn, dem thu' ich mich er - ge - ben, mit Freud' fahr' ich da - hin.
(8 Str.)

Melchior Vulpius G. B. 1609.

47. Christus, der ist mein Leben. (B. A. 39, Nº 29.)

Melch. Vulpius 1609.

Ster - - -
Chri - stus, der ist mein Le - - ben,
Ster - -
Ster -
- - - - ben ist mein Ge - winn; dem thu' ich
Ster - - - -
mich er - ge - - - ben, mit Freud' fahr' ich da - hin.
(8 Str.)

Melch. Vulpius G. B. 1609.

48. Christus, der uns selig macht. (B. A. 39, Nº 30.)

Mich. Weisse 1531.

Chri - stus, der uns se - lig macht, kein Bös's hat be - gan - gen,
der ward für uns in der Nacht als ein Dieb ge - fan - gen,

ge-führt vor gott-lo-se Leut' und fälsch-lich ver-kla - - get, ver-lacht,
ver-höhnt, und ver-speit, wie denn die Schrift sa - - - get.
(8 Str.)

Mich. Weisse 1531.

49. Christus, der uns selig macht. (Joh. Passion. B. A. 12, I. 43.)

Mich. Weisse 1531.

Christus, der uns se-lig macht, kein Bös's hat be-gan-gen, der ward für uns
in der Nacht als ein Dieb ge-fan-gen, geführt vor gott-lo-se Leut', und fälschlich ver-
kla - get, ver-lacht, ver-höhnt und verspeit, wie denn die Schrift sa - - get.
Ob.
sa - get.
(8 Str.)
sa - get.

Mich. Weisse 1531.

50. Christus, der uns selig macht. (Joh. Passion. B. A. 12 I, 121.)

Mich. Weisse 1531.

O hilf, Chri_ste, Got_tes Sohn, durch dein bittres Lei_den, dass wir, dir stets
un_terthan, all' Un_tugend mei_den, deinen Tod und sein' Ursach' fruchtbarlich be_
den_ken, dafür, wie_wohl arm und schwach, dir Dank_o_pfer schen ken.
schen_ken.
8 Str. (Str. 8 des Liedes Christus, der uns selig macht.)
schen_ken.

Mich. Weisse 1531.

51. Christus ist erstanden, hat überwunden. (B. A. 39, Nº 31.)

Mich. Weisse 1531.

Chri_stus ist er_stan_den, hat ü_ber_wun_
den, Gnad' ist nun vor_han_den, Wahr_heit wird fun_den.

Da - rum, lie - ben Leu - te, freut euch heu - - te, lo - bet
eu - ren Her - - ren, Je - sum, den Kö - nig der Eh - ren.
(13 Str.)

Mich. Weisse 1531.

52. Da der Herr Christ zu Tische sass. (B. A. 39, No. 32.)

Görlitz G. B. 1611.

Da der Herr Christ zu Tische sass, zu - letzt das O - ster - lämmlein ass, und
zu - letzt das Oster -
wollt' von hin - nen schei - den, sein'n Jüngern er treu - lich be - fahl, dass
man all - zeit ver - künd'gen soll sein'n Tod und bit - ter Lei - den.
(29 Str.)

Nic. Herman 1559

53. Danket dem Herren, denn er ist sehr freundlich.

(B. A. 39. № 33.)

Tenormelodie eines Senfl'schen Tonsatzes 1534

Dan - ket dem Her - ren, denn er ist sehr freund - lich, und
sei - ne Güt' und Wahr - heit blei - bet e - wig - lich.
6 Str.

Joh. Horn 1544.

54. Dank sei Gott in der Höhe. (B. A. 39. № 34.)

Barth. Gesius 1605.

Dank sei Gott in der Hö - he in die - ser Mor - gen - stund',
durch den ich auf - er - ste - he vom Schlaf frisch und ge - sund.
Mich hat - te zwar ge - bun - den mit Fin - ster - niss die Nacht, ich

hab' sie ü - ber - wun - den mit Gott, der mich be - wacht.
7 Str.

Joh. Mühlmann 1618.

55. Das alte Jahr vergangen ist. (B. A. 39. Nº 35.)

Joh. Steurlein 1588.

Das al - te Jahr ver - gan - gen ist, wir dan - ken dir, Herr
Je - su Christ, dass du uns in so gro - sser G'fahr be -
hü - tet hast lang' Zeit und Jahr; dass du uns in so
gro - sser G'fahr be - hü - tet hast lang Zeit und Jahr.
6 Str.

Joh. Steurlein ? 1588.

56. Das alte Jahr vergangen ist. (B. A. 39. № 36.)

Joh Steurlein 1588.

Das al - te Jahr ver - gan - gen ist, wir dan - ken dir, Herr
Je - su Christ, dass du uns in so gro - sser G'fahr be - hü - tet hast lang'
Zeit und Jahr, dass du uns in so gro - sser G'fahr be - hü - tet hast lang' Zeit und Jahr.
6 Str.

Joh. Steurlein? 1588.

57. Das neugeborne Kindelein. (Cant. 122. Das neugeborne Kindelein. B. A. 26. 40.)

Melch. Vulpius 1609.

1. Das neu - ge - bor - ne Kin - de - lein, das herz - ge - lieb - te Je - su - lein,
4. Es bringt das rech - te Ju - bel - jahr, was trau - ern wir denn im - mer - dar?
Cont.
bringt a - ber - mal ein neu - es Jahr der aus - er - wähl - ten Chri - stenschaar.
Frisch auf! itzt ist es Singens - zeit, das Je - su - lein wend't al - les Leid.
4 Str. (In der B. A. nur die 4. Str.)

Cyriacus Schneegass 1597.

58. Das walt' Gott Vater und Gott Sohn. (B. A. 39. № 37.)

Dan. Vetter. 1713.

Das walt' Gott Va_ter und Gott Sohn, Gott heil'ger Geist in's Himmels Thron. Man
dankt dir, eh' die Sonn' auf_geht; wann's Licht anbricht, man vor dir steht.
11 Str.

Mart. Böhm. 1608.

59. Das walt' mein Gott. (B. A. 39. № 38.)

Gotha, Cantionale 1648. Vopelius. 1682.

1. Das walt' mein Gott Va_ter Sohn und heil'_ger Geist, der mich er_schaf_fen hat, mir Leib' und Seel' ge_ge_ben im Mut_ter_leib das Le_ben, ge_sund ohn' al_len Schad'.
2. All Tritt und Schritt Got_tes Nam'n, was ich fang an, theil mir dein Hül_fe mit, und komm mir früh ent_ge_gen mit Glück, Wohl_fahrt und Se_gen, mein Bitt' ver_sag' mir nicht.
8 Str. (In der B. A. nur die 1. Str.)

Bas. Förtsch.? 1613.

60. Den Vater dort oben. (B. A. 39. № 39.)

Mich. Weisse. 1531.

Den Va - ter dort o - - ben wol - len wir nun lo - - - - ben,
der uns als ein mil - der Gott gnä - dig - lich ge - spei - set hat,
und Chri - stum sei - nen Sohn, durch wel - chen der
Se - gen kommt vom al - ler - höch - sten Thron.
5 Str.

Mich. Weisse. 1531.

61. Der du bist drei in Einigkeit. (B. A. 39. № 40.)

J. Herm. Schein. 1627.

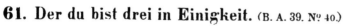

Der du bist drei in Ei - nigkeit, ein wah - rer Gott von E - wigkeit; die

Sonn' mit dem Tag von uns weicht, lass uns leuch - ten dein gött - lich Licht.
3 Str.

M. Luther 1543.

62. Der Tag, der ist so freudenreich. (B. A. 39. № 41.)

J. Klug G. B. 1535.

Der Tag, der ist so freuden - reich al - ler Cre - a - tu - re,
denn Got - tes Sohn vom Himmel - reich ü - ber die Na - tu - re
von ei - ner Jung - frau ist ge - bor'n, Ma - ri - a du bist aus - er - kor'n,
dass du Mut - ter wä - - rest. Was ge - schah so wun - der - lich?
Got - tes Sohn vom Him - mel - reich der ist Mensch ge - bo - ren.
4 Str. (Deutsche Bearbeitung des alten Weihnachtsliedes: Dies est laetitiae.)

63. Des heil'gen Geistes reiche Gnad'. (B. A. 39. Nº 42.)

J. Herm. Schein 1627.

1. Des heil'_gen Gei_ _ _stes rei_ _ _che Gnad'
die Her_zen der A_po_stel hat er_
füllt mit sei_ _ _ner Gü_ _ _tig_keit,
ge_schenkt der Spra_ _ _ _chen Un_ter_ _scheid.
6 Str. (Bearbeitung des Hymnus: Spiritus sancti gratia.)

64. Die Nacht ist kommen. (B. A. 39. Nº 43.)

G. B. der Böhm. Brüder 1566.
J. H. Schein 1627.

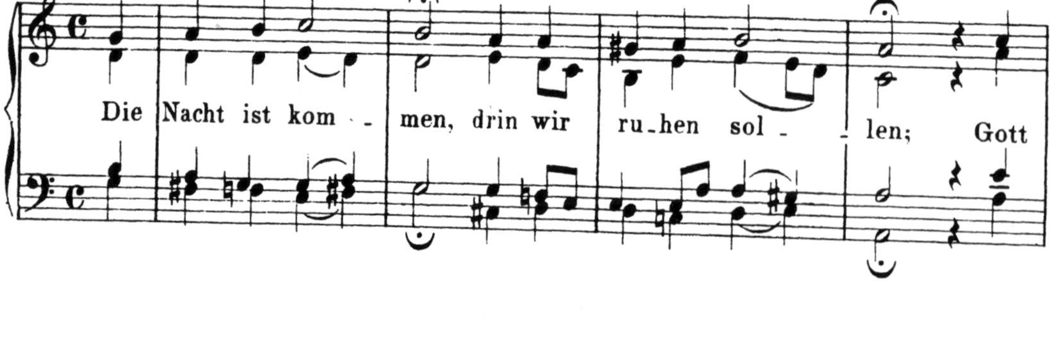
Die Nacht ist kom_ _men, drin wir ru_hen sol_ _len; Gott

walt zu From - men nach sein'm Wohlge - fal - len, dass wir uns le - -
gen, in sein'm G'leit und Se - gen sein'n Will'n zu pfle - - gen.
5 Str.

Peter Herbert 1568.

65. Die Sonn' hat sich mit ihrem Glanz. (B. A. 39. № 41.)

Franz. Psalmen Genf 1542.

Die Sonn' hat sich mit ih - rem Glanz ge - wen - - - det und,
was sie soll, auf die - sen Tag voll - en - - - det; die dunkle Nacht dringt
al - lent - hal - ben zu, bringt Menschen, Vieh und al - le Welt zur Ruh'.
7 Str.

Josua Stegmann 1630 ?

66. Dies sind die heil'gen zehn Gebot'. (B. A. 39. № 45.)

Erfurt 1524.

Dies sind die heil' - gen zehn Ge - bot', die uns gab un - ser

Her - re Gott durch Mo - se, sei - nen Die - ner treu, hoch

auf dem Berg Si - na - i. Ky - rie e - leis'.
12 Str.

M. Luther 1524.

67. Dir, dir, Jehova, will ich singen. (B. A. 39. № 46.)

Joh. S. Bach 1725.

Dir, dir, Je - ho - va, will ich sin - gen, denn wo ist
Dir will ich mei - ne Lie - der brin - gen, ach, gib mir

doch ein sol - cher Gott wie du?
dei - nes Gei - stes Kraft dar - zu,
dass ich es thu' im Na -

men Je_su Christ, so wie es dir durch ihn ge_fäl_lig ist.
8 Str.

Barth. Crasselius 1697

68. Du Friedefürst, Herr Jesu Christ.

(Cant. 67. Halt im Gedächtniss Jesum Christ. B. A. 16. 246.) Barth. Gesius 1601.

Du Frie_de_fürst, Herr Je_su Christ, wahr'r Mensch und wah_rer Gott.
ein star_ker Noth_hel_fer du bist im Le_ben und im Tod:
Cont.
drum wir al_lein im Namen dein zu deinem Va_ter schrei_en.
7 Str.

Jacob Ebert 1601.

69. Du Friedefürst, Herr Jesu Christ.

(Cant. 116. Du Friedefürst. B. A. 21. 158.) Barth. Gesius 1601.

Er_leucht' doch un_sern Sinn und Herz durch den Geist dei_ner Gnad',
dass wir nicht trei_ben draus ein'n Scherz, der un_ser Seelen schad.
O Je_su Christ, al_lein du bist, der Solch's wohl kann aus_rich_ten.
aus_rich_ten.
7 Str. (Str 7 des Liedes: Du Friedefürst.)

Jacob Ebert 1601.

70. Du grosser Schmerzensmann. (B. A. 39. № 47.)

M. Janus 1663.

1. Du grosser Schmerzensmann, vom Vater so geschlagen, Herr Jesu, dir sei Dank für alle deine Plagen: für deine Seelenangst, für deine Band' und Noth, für deine Geisselung, für deinen bittern Tod.

7 Str.

Adam Thebesius † 1652.

71. Du, o schönes Weltgebäude. (B. A. 39. № 48.)

Johann Crüger 1649.

Du, o schönes Weltgebäude, magst gefallen wem du willst,
deine scheinbarliche Freude ist mit lauter Angst umhüllt.

De_nen, die den Him_mel has_ _ _ sen, will ich ih_re Welt_lust
las_ _sen; mich verlangt nach dir al_lein, al_ler_schönster Je_su mein.
8 Str.

Johann Franck 1649.

72. Du, o schönes Weltgebäude.

(Cant 56. Ich will den Kreuzstab gerne tragen. B. A. 12 II. 104.)

Joh. Crüger 1649.

Komm, o Tod, du Schla_fes Bru_der, komm und füh_re mich nur fort;
lö_se meines Schiffleins Ru_der, brin_ge mich an si_chern Port.
Cont.
es mag, wer da will, dich scheu_ _ _en,
du kannst mich viel_mehr er_freu_ _ _en;
denn durch dich komm' ich hin_ein zu dem schön_sten Je_su_lein.
8 Str. (Str. 6 des Liedes: Du, o schönes Weltgebäude.)

Joh. Franck 1649.

73. Durch Adams Fall ist ganz verderbt.

Cant. 18, Gleich wie der Regen und Schnee. (B. A. 2, 252.)

Jos. Klug. G. B. 1535.

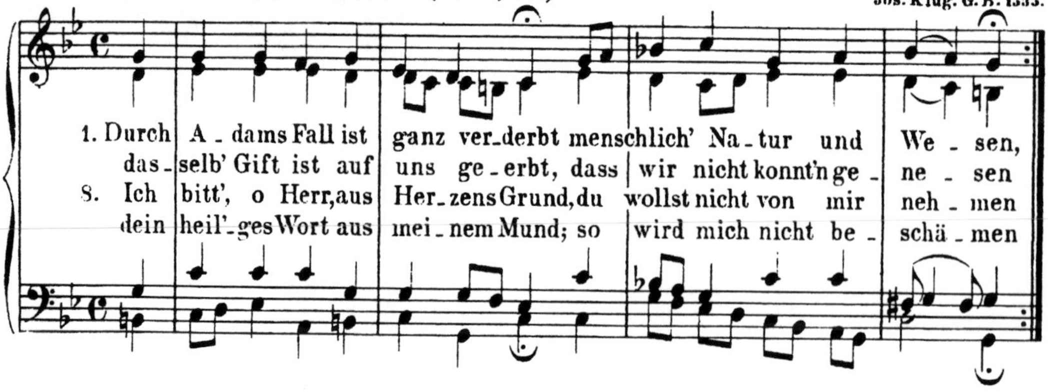
1. Durch A_dams Fall ist ganz ver_derbt menschlich' Na_tur und We_sen,
das_selb' Gift ist auf uns ge_erbt, dass wir nicht konnt'n ge_ne_sen
8. Ich bitt', o Herr, aus Her_zens Grund, du wollst nicht von mir neh_men
dein heil'_ges Wort aus mei_nem Mund; so wird mich nicht be_schä_men

ohn' Got_tes Trost, der uns er_löst hat von dem gro_ssen Scha_den, da_
mein' Sünd' und Schuld; denn in dein' Huld setz' ich all mein Ver_trau_en. Wer

rin die Schlang' E_van be_zwang, Gott's Zorn auf sich zu la_den.
sich nur fest da_rauf ver_lässt, der wird den Tod nicht schau_en.
(In der B. A. nur die 8 Str.)
(9 Str.)

Lazarus Spengler. 1524.

74. Ein' feste Burg ist unser Gott. (B. A. 39, Nº 49.)

Jos. Klug. G. B. 1535.

Ein' fe_ste Burg ist un_ser Gott, ein' gu_te Wehr und Waf_fen.
Er hilft uns frei aus al_ler Noth, die uns jetzt hat be_trof_fen.

Der alt' bö - se Feind, mit Ernst er's jetzt meint, gross Macht und viel List sein
grau - sam Rüstzeug ist, auf Erd'n ist nicht sein's Glei - - chen.
(1 Str.)

Martin Luther. 1529.

75. Ein' feste Burg ist unser Gott. (B. A. 39 No. 50.)

Jos. Klug. G. B. 1535.

Ein' fe - ste Burg ist un - ser Gott, ein' gu - te Wehr und Waf - fen.
Er hilft uns frei aus al - ler Noth, die uns jetzt hat be - trof - fen.
Der alt' bö - se Feind, mit Ernst er's jetzt meint, gross Macht und viel
List sein grau - sam' Rüst - zeug ist, auf Erd'n ist nicht sein's Glei - chen.
(1 Str.)

Martin Luther. 1529.

76. Ein' feste Burg ist unser Gott. (Cant. 80, Ein' feste Burg ist unser Gott. B A 18, 378.)

Jos. Klug. G. B. 1535.

Das Wort sie sol_len las_sen stahn und kein'n Dank da_zu ha_ben.
Er ist bei uns wohl auf dem Plan mit sei_nem Geist und Ga_ben.

Neh_men sie uns den Leib, Gut, Ehr', Kind und Weib, lass fah_ren da_

hin, sie ha_ben's kein'n Ge_winn; das Reich muss uns doch blei_ben.
4 Str. (Str. 4 des Liedes: Ein feste Burg.)

Martin Luther. 1529.

77. Eins ist noth, ach Herr, dies Eine. (B. A. 39 Nº 51.)

Joach. Neander. 1680. (1679.)
Freylingshausens G. B. 1704.

Eins ist noth, ach Herr, dies Ei_ne leh_re mich er_ken_nen doch:

al - les An - dre, wie's auch scheine, ist ja nur ein schwe - res Joch,
da - run - ter das Her - ze sich na - get und pla - get, und
den - noch kein wah - res Ver - gnü - gen er - ja - get; er -
lang ich dies Ei - ne, das Al - les er - setzt, so
so werd ich mit Ei - nem
werd ich mit Ei - nem in Al - lem er - götzt.
(10 Str.)
so werd ich mit

Joh. Heinr. Schröder. 1697.

78. Erbarm' dich mein, o Herre Gott. (B. A. 39 № 52.)

Joh. Walter. G. B. 1524.

Er_barm' dich mein, o Her_re Gott, nach dei_ner gross'n Barmher_zig_keit,
wasch' ab, mach' rein mein' Mis_se_that, ich kenn' mein' Sünd' und ist mir leid.
Al_lein ich dir ge_sün_digt hab, das ist wi_der mich
ste_tig_lich; das Bös' vor dir nicht mag be_stahn, du
bleibst ge_recht, ob man ur_thei_le dich.
(5 Str.)

Erhart Hegenwalt. 1524.

79. Erhalt' uns, Herr, bei deinem Wort.

(Cant 6, Bleib bei uns, denn es will Abend werden. B. A. 1, 176.)

Jos. Klug. G. B. 1535.

1. Er_halt' uns, Herr, bei deinem Wort und steure dei_ner Feinde Mord, die
2. Be_weis' dein Macht, Herr Je_su Christ, der du Herr al_ler Her_ren bist: be_

Je - sum Christum, dei - nen Sohn, wol - len stür - zen von sei - nem Thron.
schirm' dein' ar - me Chri - sten - heit, dass sie dich lob' in E - wig - keit.
3 Str. (In der B. A. nur die 2. Str.)

Martin Luther. 1541.

80. Ermuntre dich, mein schwacher Geist.

(Weihnachts-Oratorium: B. A. 5 II, 59.)

Joh. Schop. 1641.

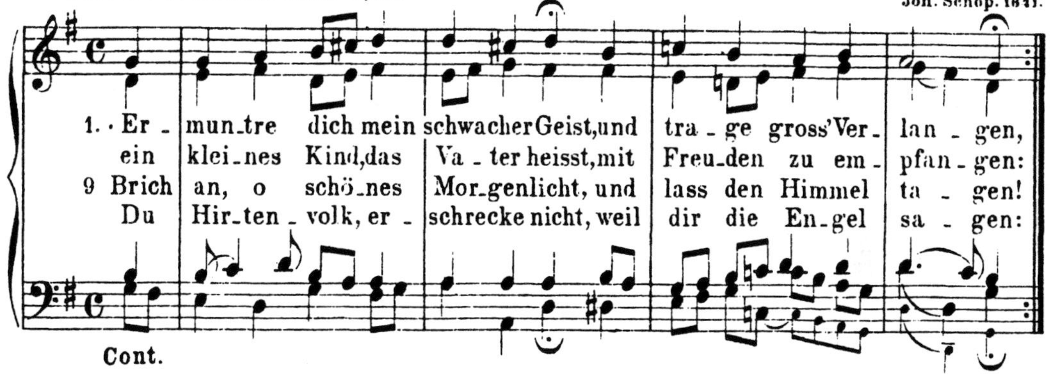
1. Er - mun - tre dich mein schwacher Geist, und tra - ge gross' Ver - lan - gen,
ein klei - nes Kind, das Va - ter heisst, mit Freu - den zu em - pfan - gen:
9 Brich an, o schö - nes Mor - genlicht, und lass den Himmel ta - gen!
Du Hir - ten - volk, er - schrecke nicht, weil dir die En - gel sa - gen:
Cont.

Dies ist die Nacht, da - rin es kam, und menschlich We - sen an sich nahm, da -
dass die - ses schwache Knä - be - lein soll un - ser Trost und Freu - de sein, da -

durch die Welt mit Treu - en als sei - ne Braut zu frei - en.
zu den Sa - tan zwin - gen und letzt - lich Frie - den brin - gen.
9 Str. (In der B. A. nur die 9. Str.)
Ob

Joh. Rist. 1641.

81. Ermuntre dich, mein schwacher Geist.

(Cant. 43, Gott fähret auf mit Jauchzen. B. A. 10, 126.)

Joh. Schop. 1641.

1. Du Le-bens-fürst, Herr Je-su Christ, der du bist auf-ge-nom-men
gen Himmel, da dein Va-ter ist und die Ge-mein' der From-men:
13. Zieh' uns dir nach, so lau-fen wir, gib uns des Glau-bens Flü-gel;
hilf, dass wir flie-hen weit von hier auf I-sra-e-lis Hü-gel!

wie soll ich dei-nen gro-ssen Sieg, den du durch ei-nen schwe-ren
Mein Gott, wann fahr' ich doch da-hin, wo ich ohn' En-de fröh-lich

Krieg er-wor-ben hast, recht prei-sen, und dir g'nug Ehr' er-wei-sen?
bin? wann werd' ich vor dir ste-hen, dein An-ge-sicht zu se-hen?
(14 Str.)

Joh. Rist. 1641.

82. Ermuntre dich, mein schwacher Geist.

(Cant. 11, Lobet Gott in seinen Reichen. B. A. 2, 32.)

Joh. Schop. 1641.

Nun lie-get al-les un-ter dir, dich selbst nur
Die En-gel müs-sen für und für dir auf-zu-
Cont.

aus_ge - - nom - men;
aus - ge - nom - - men; Die Fürsten stehn auch auf der Bahn,
war - ten, kom - - men.
und sind dir wil - - lig un - - ter - than; Luft, Was_ser,
Feu'r und Er_den muss dir zu Dien_ste wer - den.
14 Str. (Str. 4 des Liedes: Du Lebensfürst, Herr J. Chr.)

Joh. Rist. 1641.

83. Erschienen ist der herrlich' Tag.

(Cant. 67; Halt im Gedächtniss Jesum Christ. B. A. 16, 233.) Nic. Herman. 1560.

Er_schie_nen ist der herrlich Tag, dran sich Niemand g'nug freu_en mag: Christ,
un_ser Herr, heut tri_umphirt, all' sein' Feind er ge_fan_gen führt. Al_le - lu - ja!
(14 Str.)

Nic. Herman. 1560

84. Erschienen ist der herrlich' Tag.

(Cant. 145. So du mit deinem Munde. B. A. 30, 122.)

Nic. Herman 1560.

Drum wir auch bil - lig fröh - lich sein, singen das Hal - - le - lu - ja fein, und lo - ben dich, Herr Je - - su Christ; zu Trost du uns er - - stan - den bist. Hal - le - lu - - - ja!
14 Str. (Str. 14 des Liedes: Erschienen ist der herrlich' Tag.)

Nic. Herman 1560.

85. Erstanden ist der heilig' Christ. (B. A. 39. № 53.)

Triller 1555.

Er - stan - den ist der heil' - ge Christ, al - le - lu - ja, al - le - - - lu - - ja! Der al - - ler Welt ein

Trö - - ster ist, al - le - - lu - ja, al - le - - lu - - ja!
(Bearbeitung des Hymnus: Surrexit Christus hodie.)

86. Es ist das Heil uns kommen her.

(Cant. 86. Wahrlich, ich sage euch. B. A. 20 I, 134.) Wittenberg 1524.

1. Es ist das Heil uns kom - men her von Gnad und lau - ter Gü - - te,
die Werk', die hel - fen nim - mer - mehr, sie mö - gen nicht be - hü - - ten.
11. Die Hoffnung wart't der rech - ten Zeit, was Got - tes Wort zu - sa - - get;
wenn das ge - sche - hen soll zur Freud', setzt Gott kein g'wis - se Ta - - ge.
Der Glaub' sieht Je - sum Chri - stum an, der hat g'nug für uns all' ge - than, er ist der Mitt - ler wor - den.
Er weiss wohl, wenn's am be - sten ist, und braucht an uns kein' ar - ge List, des soll'n wir ihm ver - trau - en.
14 Str. (In der B.A. nur die 11. Str.)

Paul Speratus 1523.

87. Es ist das Heil uns kommen her.

(Cant. 9. Es ist das Heil. B. A. 1, 274.)

Wittenberg 1524.

Ob sichs an_liess, als wollt' er nicht, lass dich es nicht er - schre - cken,
denn wo er ist am be - sten mit, da will er's nicht ent - de - cken;
Cont.
sein Wort lass dir ge - wis - ser sein, und ob dein Herz spräch
lau - ter Nein, so lass doch dir nicht grau - - en.
14 Str. (Str. 12 des Liedes: Es ist das Heil.)

Paul Speratus 1523.

88. Es ist das Heil uns kommen her.

(Cant. 155. Mein Gott, wie lang', ach lange. B. A. 32, 96.)

Wittenberg 1524.

tr
Ob sich's an_liess', als wollt er nicht, lass dich es nicht er - schre - cken,
denn wo er ist am be - sten mit, da will er's nicht ent - de - - cken;
sein Wort lass dir ge - wis - ser sein, und ob dein Herz spräch

lau - ter Nein, so lass doch dir nicht grau - - en.
14 Str. (Str. 12 des Liedes: Es ist das Heil.)

Paul Speratus 1523.

89. Es ist das Heil uns kommen her.

(Trauungschoral. B. A. 13 I, 148.)

Wittenberg 1524.

tr
Hörner.
Sei Lob und Ehr' dem höchsten Gut, dem Va - ter al - ler Gü - - te,
dem Gott, der al - le Wun - der thut, dem Gott, der mein Ge - mü - - the
Cont.

mit sei - nem rei - chen Trost er - füllt, dem Gott, der al - len

tr
Jam - mer stillt: gebt un - serm Gott die Eh - - - - re!
(9 Str.)

Joh. Jac. Schütz 1673.

90. Es ist das Heil uns kommen her.

(Cant. 117. Sei Lob und Ehr' dem höchsten Gut. B.A. 24, 172.)

Wittenberg 1524.

4. Ich rief dem Herrn in mei-ner Noth: Ach Gott, vernimm mein Schrei - en!
Da half mein Hel-fer mir vom Tod und liess mir Trost ge - dei - hen.
9. So kom-met vor sein An - ge - sicht mit jauchzen-vol - lem Sprin - gen;
be - zah-let die ge - lob - te Pflicht, und lasst uns fröh-lich sin - gen:
Cont.
Drum dank', ach Gott, drum dank' ich dir; ach dan - ket, dan - ket
Gott hat es Al - les wohl be - dacht und Al - les, Al - les
Gott mit mir! Gebt un - serm Gott die Eh - re!
wohl ge - macht! Gebt un - serm Gott die Eh - re!
9 Str. (Str. 4 u. 9 des Liedes: Sei Lob und Ehr' dem höchsten Gut.)

Joh. Jac. Schütz 1673.

91. Es ist genug; so nimm, Herr, meinen Geist.

(Cant. 60. O Ewigkeit, du Donnerwort. B.A. 12 II; 190.)

Joh. Rud. Ahle 1662.

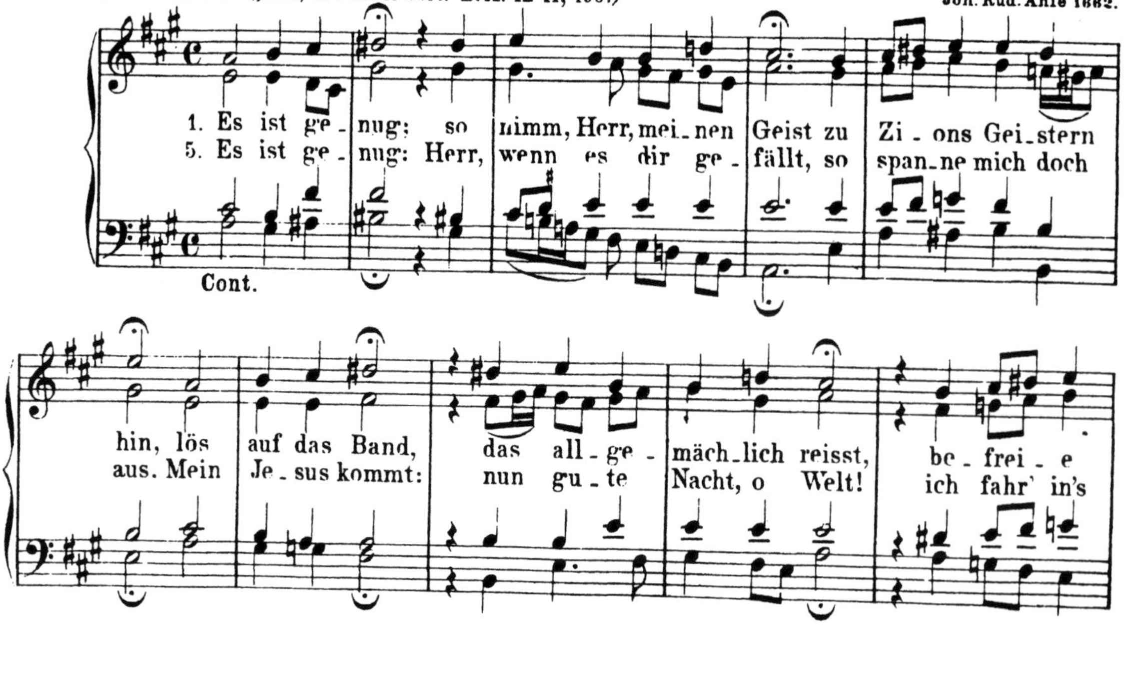
1. Es ist ge - nug: so nimm, Herr, mei - nen Geist zu Zi - ons Gei - stern
5. Es ist ge - nug: Herr, wenn es dir ge - fällt, so span - ne mich doch
Cont.
hin, lös auf das Band, das all - ge - mäch - lich reisst, be - frei - e
aus. Mein Je - sus kommt: nun gu - te Nacht, o Welt! ich fahr' in's

die - sen Sinn, der sich nach sei - nem Got - te seh - net, der täglich
Him - mels Haus, ich fah - re si - cher hin mit Frie - den, mein grosser

klagt und nächt - lich thrä - net. Es ist ge - nug, es ist ge - nug.
Jam - mer bleibt dar - nie - den. Es ist ge - nug, es ist ge - nug.
5 Str. (In der B.A. nur die 5. Str.)

Franz Joach. Burmeister 1662.

92. Es spricht der Unweisen Mund wohl.

Joh. Walter G. B. 1524.

(B. A. 39. N° 55.)

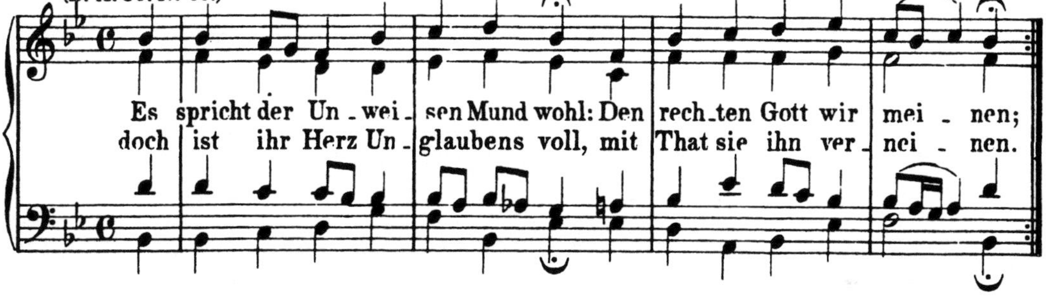
Es spricht der Un - wei - sen Mund wohl: Den rech - ten Gott wir mei - nen;
doch ist ihr Herz Un - glaubens voll, mit That sie ihn ver - nei - nen.

Ihr We - sen ist ver - der - bet zwar, für Gott ist es ein

Greu - el gar; es thut Ihr' Kei - ner kein Gut.
Kei - - ner kein Gut.
(6 Str.)

Martin Luther 1524

93. Es steh'n vor Gottes Throne. (B. A. 39. No 56.)

Joach. à Burck 1594.

Es steh'n vor Gottes Thro - ne, es steh'n vor Got - tes Thro - ne, die un - sre Wächter sind,
der in seim lieben Soh - ne, der in sei'm lie - ben Soh - ne liebt al - ler Menschen Kind,
dass er auch nicht der Ei - - nes ver - acht' will hab'n so Klei - - nes, als je - mals ist ge - born, als je - mals ist ge - born.
(7 Str.)

Ludwig Helmbold 1585.

94. Es wird schier der letzte Tag herkommen.

(B. A. 39. No 57.)

Michael Weisse 1531.

Es wird schier der letz - te Tag her - kom - - men,
denn die Bos - heit hat sehr zu ge - - nom - - - men;

was Chri - stus hat vor ge - sagt, das wird jetzt be - klagt.
(20 Str.)

Mich. Weisse 1531.

95. Es woll' uns Gott genädig sein. (B.A.39. № 58.)

Strassburger Kirchenamt 1525. (1524.)

Es woll' uns Gott ge - nä - - dig sein und sei - nen Se - gen ge - - - - ben;
sein Ant - litz uns mit hel - - lem Schein er - leucht' zum ew' - gen Le - - - - ben,
dass wir er - ken - nen sei - ne Werk' und, was ihn liebt, auf Er - den, und Je - sus Chri - stus Heil und Stärk' be - kannt den Hei - den wer - den und sie zu Gott be - keh - ren.
(3 Str.)

M. Luther 1524.

96. Es woll' uns Gott genädig sein. (B.A.39. No 59.)

Strassburger Kirchenamt 1525.(1524.)

Es woll' uns Gott ge - nä - - dig sein und sei - nen Se - gen ge - - ben,
sein Ant - litz uns mit hel - - lem Schein er - leucht' zum ew' - gen Le - - ben,

dass wir er - ken - nen sei - ne Werk' und, was ihn liebt, auf

Er - - den, und Je - sus Christus Heil und Stärk' be - kannt den Hei - den

wer - - den und sie zu Gott be - keh - - ren. - - (3 Str.)

M. Luther 1524.

97. Es woll' uns Gott genädig sein.

(Cant. 69. Lobe den Herrn, meine Seele. B.A.16, 325.)

Strassburger Kirchenamt 1524.

3 Trompeten u. Pauken.

Es dan - ke, Gott, und lo - - be dich das Volk in gu - ten
Land bringt Frucht und bes - - sert sich, dein Wort ist wohl ge -

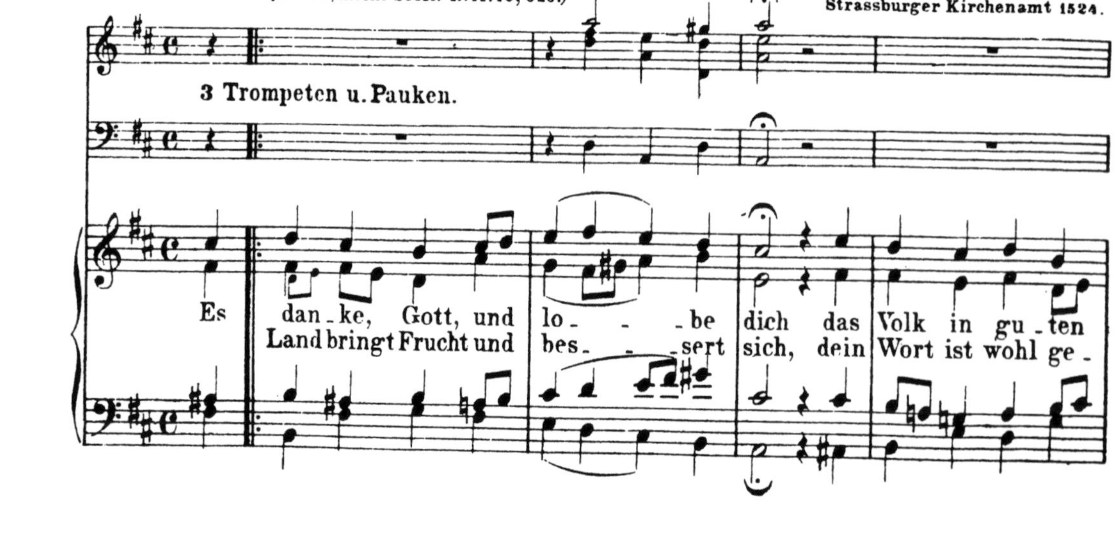

1.
2.
tr
Tha - - - ten. Das
ra - - - - then. Uns segne Vater und der Sohn, uns
segne Gott, der heil'ge Geist, dem alle Welt die Ehre thu, vor
ihm sich fürchte aller-meist, und sprecht von Her-zen: A - - - men.
Her - - zen: A - men.
3 Str. (Str. 3 des Liedes: Es woll' uns Gott genädig sein.)

M. Luther 1524.

98. Freu dich sehr, o meine Seele.

(Cant. 70. **Wachet, betet, seid bereit.** B. A. 16, 354.)

Franz. Psalmen. Genf 1551.

1. Freu dich sehr, o meine Seele, und vergiss all Noth und Qual
weil dich nun Christus, dein Herre, ruft aus diesem Jammerthal.
10. Freu dich sehr, o meine Seele, und vergiss all' Noth und Qual,
weil dich nun Christus, dein Herre, ruft aus diesem Jammerthal.

Aus Trübsal und grossem Leid sollst du fahren in die Freud, die kein
Seine Freud' und Herrlichkeit sollst du sehn in Ewigkeit, mit den

Ohr je hat gehöret und in Ewigkeit auch währet.
Engeln jubilieren, in Ewigkeit triumphieren.
(In der B. A. nur die 10. Str.) (10 Str.)

1620.

99. Freu dich sehr, o meine Seele.

(Cant. 19. **Es erhub sich ein Streit.** B. A. 2, 288.)

Franz. Psalmen. Genf 1551.

3 Trompeten u. Pauken.

Lass dein' Engel mit mir fahren auf Elias Wagen roth,
und mein' Seele wohl bewahren, wie Lazrum nach seinem Tod.

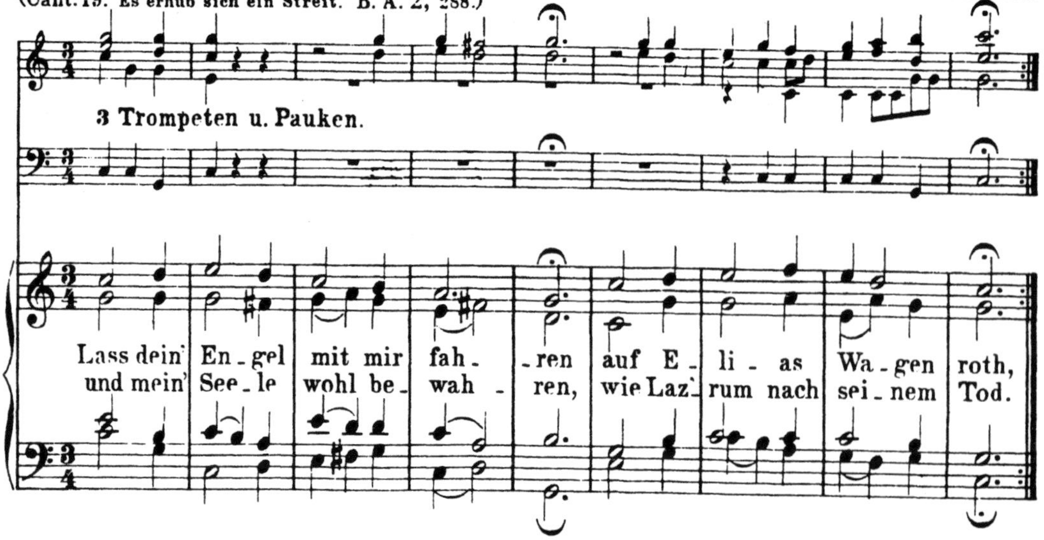

Lass sie ruhn in dei - nem Schoos, er - füll' sie mit
Freud' und Trost, bis der Leib kommt aus der Er - - de,
und mit ihr ver - ei - nigt wer - - - de.
10 Str. (Str. 9 des Liedes: Freu dich sehr, o meine Seele.)

100. Freu' dich sehr, o meine Seele.

(Cant. 194. Höchst erwünschtes Freudenfest. B. A. 29, 124.) Französische Psalmen. Genf 1551.

1. Treuer Gott, ich muss dir kla_gen meines Her_zens Jam_mer_stand,
ob dir wohl sind mei_ne Pla_gen besser, als mir selbst be_kannt:
gro_sse Schwachheit ich bei mir in An_fechtung oftmals spür, wenn der Sa_tan al_len Glau_ben will aus mei_nem Her_zen rau_ben.
6. Heil'ger Geist in's Him_mels Thro_ne, gleicher Gott von E_wig_keit
mit dem Va_ter und dem Soh_ne, der Be_trüb_ten Trost und Freud'!
Al_len Glau_ben, den ich find', hast du in mir an_ge_zünd't, ü_ber mir in Gna_den wal_te, fer_ner dei_ne Gnad' er_hal_te.
7. Dei_ne Hül_fe zu mir sen_de, o du ed_ler Her_zens_gast!
und das gu_te Werk voll_en_de, das du an_ge_fan_gen hast.
Blas' in mir das Fünklein auf, bis dass nach voll_brachtem Lauf ich den Aus_er_wähl_ten glei_che und des Glau_bens Ziel er_rei_che.
Cont.
12 Str. (In der B. A. nur die beiden untern Str.)

Joh. Heermann. 1630.

101. Freu' dich sehr, o meine Seele.

(Cant. 25. Es ist nichts Gesundes an meinem Leibe. B. A. 5 I, 188.) Franz. Psalmen. Genf 1551.

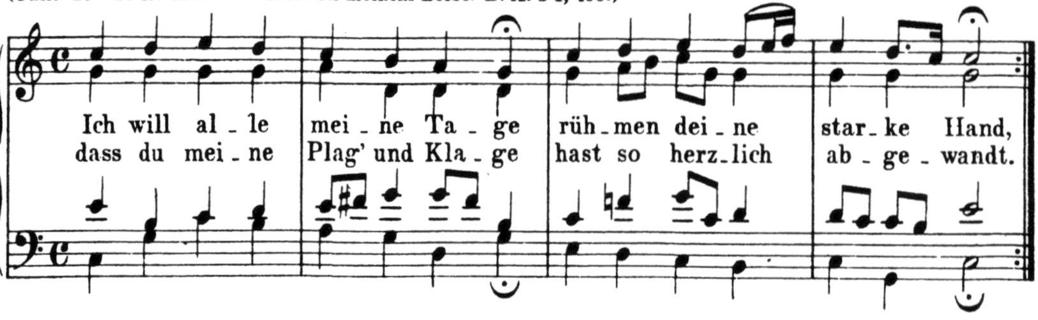
Ich will al_le mei_ne Ta_ge rüh_men dei_ne star_ke Hand,
dass du mei_ne Plag' und Kla_ge hast so herz_lich ab_ge_wandt.

Nicht nur in der Sterb-lich-keit soll dein Ruhm sein aus-ge-breit't:
ich will's auch her-nach er-wei-sen, und dort e-wig-lich dich prei-sen.
12 Str. (Str. 12 des Liedes: Treuer Gott ich muss dir klagen.)

Joh. Heermann. 1630.

102. Freu' dich sehr, o meine Seele.

(Cant. 32. Liebster Jesu, mein Verlangen. B. A. 7, 80.) Franz. Psalmen. Genf 1551.

1. Weg, mein Herz mit den Ge-dan-ken, als ob du ver-sto-ssen wärst,
bleib in Got-tes Wort und Schranken, da du an-ders re-den hörst.
12. Mein Gott, öff-ne mir die Pfor-ten sol-cher Gnad' und Gü-tig-keit,
lass mich all-zeit al-ler Or-ten schmecken dei-ne Sü-ssig-keit!
Cont.
Bist du bös und un-ge-recht? Ei so ist Gott fromm und schlecht.
Lie-be mich, und treib' mich an, dass ich dich, so gut ich kann,
Hast du Zorn und Tod ver-die-net? Sin-ke nicht, Gott ist ver-süh-net.
wie-der-um um-fang' und lie-be, und ja nun nicht mehr be-trü-be.
12 Str. (In der B. A. nur die 12. Str.)

Paul Gerhardt. 1648.

103. Freu' dich sehr, o meine Seele.

(Cant. 30. Freue dich, erlöste Schaar. B. A. 5 I, 360.) — Franz. Psalmen. Genf 1551.

1. Tröstet, trö_stet meine_ne Lie_ben, trö_stet mein Volk, spricht mein Gott,
tröstet, die sich jetzt be_trü_ben ü_ber Fein_des Hohn und Spott;
3. Ei_ne Stimme lässt sich hö_ren in der Wü_sten, weit und breit,
al_le Menschen zu be_keh_ren: macht dem Herrn den Weg be_reit,
Cont.
weil Je_ru_sa_lem wohl dran, re_det sie gar freundlich an;
ma_chet Gott ein' eb'_ne Bahn, al_le Welt soll he_ben an,
denn ihr Lei_den hat ein En_de, ih_re Ritterschaft sich wen_de.
al_le Thä_ler zu er_hö_hen, dass die Ber_ge nied_rig ste_hen.
4 Str. (In der B. A. nur die 3. Str.)

Joh. Olearius. 1671.

104. Freu' dich sehr, o meine Seele.

(Cant. 39. Brich dem Hungrigen dein Brod B. A. 7, 348.) — Franz. Psalmen. Genf 1551.

1. Kommt, und lasst euch Je_sum leh_ren, kommt und ler_net all_zu_mal
wel_che die sein, die ge_hö_ren in der rech_ten Chri_sten Zahl,
6. Se_lig sind, die aus Er_bar_men sich an_neh_men frem_der Noth,
sind mit_lei_dig mit den Ar_men, bit_ten treu_lich für sie Gott.
Cont.
die be_ken_nen mit dem Mund, glau_ben auch von Her_zens_grund,
Die be_hülf_lich sind mit Rath, auch, wo mög_lich, mit der That,

und be - mü - hen sich da - ne - ben, Gut's zu thun, so lang sie le - ben.
wer - den wie - der Hülf' em - pfan - gen und Barm - her - zig - keit er - lan - gen.
11 Str. (In der B. A. nur die 6. Str.)

Dav. Denicke. 1676.

105. Freuet euch, ihr Christen alle.

(Cant. 40. Dazu ist erschienen. B. A. 7, 394.)

Andr. Hammerschmidt. 1646.

Freuet euch, ihr Chri - sten al - le, freu - e sich wer im - mer kann! Gott hat viel an uns ge - than.
Je - su, nimm dich dei - ner Glieder fer - ner in Ge - na - den an; schenke, was man bit - ten kann,
Freu - et euch mit grossem Schalle, dass er uns aus To - des Macht durch sein Sterben frei ge - macht.
zu er - qui - cken dei - ne Brü - der: gib der gan - zen Chri - stenschaar Frie - den und ein sel'ges Jahr!
Freude, Freude ü - ber Freude! Christus weh - ret al - lem Leide.
Freude, Freude ü - ber Freude! Christus weh - ret al - lem Leide.
Wonne, Wonne ü - ber Wonne! er ist die Ge - naden - sonne.
Wonne, Wonne ü - ber Wonne! er ist die Ge - naden - sonne.
4 Str. (In der B. A. nur die 2. Str.)

Christian Keymann. 1646.

106. Für Freuden lasst uns springen. (B. A. 39. No 60.)

Çasp. Peltsch. 1618.

Für Freu - den lasst uns sprin - gen, ihr Christen all - zu - glei - che!
Mit Mund und Her - zen sin - gen, denn Christ vom Him - mel - rei - che
von ei - ner Jung - frau ist ge - bor'n, wer
hat zu - vor ge - hört von sol - chen Din - - gen?
(6 Str.)

107. Gelobet seist du, Jesu Christ. (B. A. 39. No 61.)

Joh. Walther. G. B. 1524.

Ge - lo - bet seist du, Je - su Christ, dass du Mensch ge -

bo - ren bist von ei - ner Jung - frau, das ist wahr, dess
freu - et sich der En - - gel Schaar. Al - le - lu - - ja!
(7 Str.)

M. Luther. 1524.

108. Gelobet seist du, Jesu Christ.

(Cant. 64. Sehet, welch' eine Liebe. B. A. 16, 118.)

Joh. Walther. G. B. 1524.

Das hat er Al - les uns ge - than, sein' gross' Lieb' zu
Cont.
zei - gen an; dess freu' sich al - le Chri - sten - heit und dank ihm dess in
Ky - rie - leis!
E - wig - keit. Ky - ri - e - e - leis!
Ky - ri - e e - - - - leis!
E - - - wig - keit. Ky - ri - e e - leis!

7 Str. (Str. 7 des Liedes: Gelobet seist du, Jesu Christ.)

M. Luther. 1524.

109. Gelobet seist du, Jesu Christ. (Cant. 91. Gelobet seist du, J. Chr. B. A. 22, 32.)*

Joh. Walther. G. B. 1524.

7 Str. (Str. 7 des Liedes: Gelobet seist du, J. Chr.)
M. Luther. 1524.

*) Ohne oblig. Instr., mit geringer Abweichung in der Textunterlage am Schlusse, steht dieser Choral als Variante in der Cantate 64. Sehet, welch' eine Liebe. B. A. 16, 371.

110. Gelobet seist du, Jesu Christ. (Weihnachts-Oratorium. B. A. 5 II, 110.)

Joh. Walther. G. B. 1524.

Dies hat er Al_les uns gethan, sein gross Lieb zu zei_gen an; dess freu sich al_le
Cont.
Kyrie - leis.
Chri_sten_heit und dank ihm dess in E - wig_keit. Ky - rie leis.
7 Str. (Str. 7 des Liedes: Gelobet seist du, J. Chr.)
E - - wig_keit. Ky_ri_e_leis.

M. Luther. 1524.

111. Gieb dich zufrieden und sei stille. (B. A. 39, № 62.)

Joh. Seb. Bach. 1725

Gieb dich zu_frie_den und sei stil - le in dem Got_te dei_nes
in ihm ruht al - ler Freuden Fül - le, ohn ihn mühst du dich ver-
Le - bens,
ge - bens.
Er ist dein Quell und dei_ne Son_ne, scheint täg_lich
hell zu dei_ner Won_ne, gieb dich zu - frie_den, zu - frie - den.
(15 Str.)

P. Gerhardt. 1666.

112. Gott, der du selber bist das Licht. (B. A. 39. Nº 63.)

J. Crüger. 1648.

Gott, der du sel_ber bist das Licht, dess Güt' und Treu_e
nach_dem durch dei_ne gro_sse Macht der hel_le Tag die
stir_bet nicht, dir sei itzt Lob ge_sun_gen:
fin_stre Nacht so kräf_tig hat ver_drun_gen,
und dei_ne Gnad' und Wun_der_that mich, da ich schlief, er_hal_ten hat.
(15 Str.)

Joh. Rist. 1641.

113. Gott der Vater wohn' uns bei.. (B. A. 39. Nº 64.)

Joh. Walther. G. B. 1524.

Gott der Va_ter wohn' uns bei und lass' uns nicht ver_der_ben,
mach' uns al_ler Sün_den frei und helf' uns se_lig ster_ben.

Vor dem Teu - fel uns be-wahr', halt' uns bei fe - stem Glau - ben, und
dir uns las - sen ganz und gar, mit al - len rech - ten Chri - sten ent -
auf dich lass uns bau - en, aus Her - zens-grund ver - trau - en,
flie - hen Teu - fels Li - sten, mit Waf - fen Gott's uns fri - sten.
A - men, A - men, das sei wahr, so sin - gen wir Al - le - lu - ja.
(3. Str.)

M. Luther. 1524.

114. Gott des Himmels und der Erden. (Weihnachts Oratorium. B. A. 5 II, 208.)

Heinr. Albert. 1644.

Zwar ist sol - che Her - zens - stu - be wohl kein schö - ner Fürsten - saal,
sondern ei - ne fin - stre Gru - be; doch so bald dein Gnaden - strahl
Cont.
in die - sel - be nur wird blin - ken, wird sie vol - ler Son - nen dün - ken.

115. Gottes Sohn ist kommen. (B. A. 39, Nº 65.)

Michael Weisse 1531.

Got - tes Sohn ist kom - - men uns Al - len zu From - men
hie auf die - se Er - - den in ar - men Ge - ber - - - - den,
dass er uns von Sün - - de frei - e und ent - bin - - de.
(9 Str.)

J. Horn 1544.

116. Gott hat das Evangelium. (B. A. 39, Nº 66.)

Erasmus Alberus 1548.

Gott hat das E - van - ge - li - um ge - ge - ben, dass wir
werden fromm; die Welt acht' sol - chen Schatz nicht hoch, der meh - rer' Theil fragt

nichts dar - nach, das ist ein Zei - chen vor dem jüng - sten Tag.
(14 Str.)

Erasm. Alberus 1548.

117. Gott lebet noch. (B. A. 39, No 67.)

Freilinghausen's G. B. II 1714.

Gott lebet noch; See - le, was ver - zagst du doch? Gott ist gut, der aus Er -
barmen al - le Hülf' auf Er - den thut, der mit Kraft und starken Ar - men ma - chet
Al - les wohl und gut. Gott kann bes - ser als wir den - ken al - le Noth zum
be - sten lenken. See - le, so be - den - ke doch: lebt doch un - ser Herr Gott noch.
(8 Str.)

Joh. Friedr. Zihn 1692 (1682).

118. Gottlob, es geht nunmehr zu Ende.

(B. A. 39, № 68.)

Wahrscheinlich von Joh. Seb. Bach.

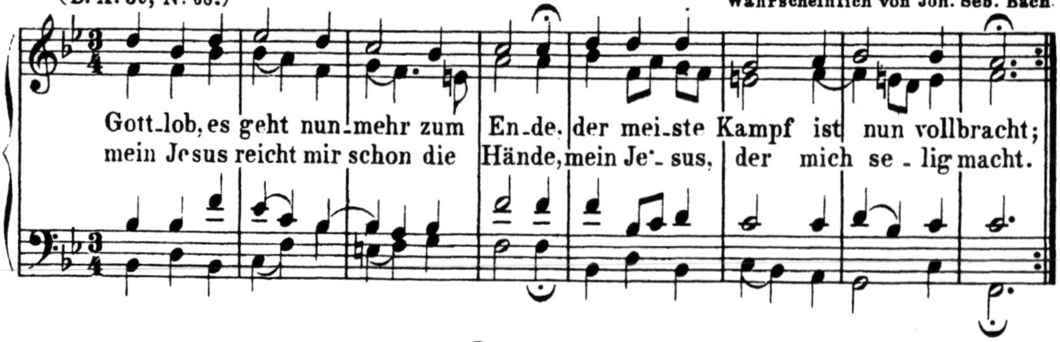
Gott-lob, es geht nun-mehr zum En-de, der mei-ste Kampf ist nun vollbracht;
mein Jesus reicht mir schon die Hände, mein Je-sus, der mich se-lig macht.

Drum lasst mich gehn, ich rei-se fort, mein Je-sus ist mein letz-tes Wort.
(7 Str.)

Christian Weise 1682.

119. Gott sei gelobet und gebenedeiet.

(B. A. 39, № 69.)

J. Walter G. B. 1524.

Gott sei ge-lo-bet und ge-be-ne-dei-et, der uns
mit sei-nem Flei-sche und mit sei-nem Blu-te; das gieb

sel-ber hat ge-spei-set
uns, Herr Gott, zu Gu-te!
Ky-rie e-lei-son. Herr, durch dei-nen

Mut-ter
heil'gen Leich-nam, der von dei-ner Mutt'r Ma-ri-a kam, und das hei-li-

- ge Blut hilf uns, Herr, aus al - ler Noth! Ky - rie e - lei - - - son!
(3 Str.)

M. Luther 1524.

120. Gott sei uns gnädig und barmherzig.

(B. A. 39, No 70.)

G. Rhau, Enchiridion 1535.
Jos. Klug G. B. 1535.

Gott sei uns gnä - dig und barm - her - - zig

und geb' uns sei - nen gött - li - chen Se - - gen.
und geb' uns sei - nen gött - li - - chen Se - - - gen.
und geb' uns sei - nen gött - li - - chen Se - - - gen.
(3 Str.)
und geb' uns sei - nen gött - li - - chen Se - - gen

Nach 4. Mose, 6, 24-26.

121. Meine Seele erhebt den Herren. (B. A. 39, No 71.)

G. Rhau, Enchiridion 1535 und
Jos. Klug G. B. 1535.

Mei - - ne See - le er - he - - bet den Herrn,

und mein Geist freu - et sich Got - tes mei - nes Hei - - lands.

Evang. Lucä. 1, 46 u. 47.

122. Meine Seele erhebt den Herren.

(Cant. 10. Meine Seele erhebt den Herrn. B. A. 1, 303.)

Jos. Klug G. B. 1535.

Lob und Preis sei Gott dem Va - ter und dem Sohn und dem heiligen Gei - - ste,
Cont.
wie es war im An-fang jetzt und im - mer - - dar und von
wie es war im An-fang jetzt und im-mer - dar
wie es war im Anfang jetzt und im - mer - dar und von
wie es war im An- - - fang jetzt und im - mer - - dar und von E-wig-
E-wigkeit zu E- -wigkeit, A- - - -men.
und von E-wig-keit zu E-wigkeit, A- - - - - men.
E wig-keit zu E-wig-keit, A- - - - - men.
keit zu E-wigkeit, A- - - - - - - -men.

(Lobgesang Mariä (Magnificat) Vers 10 u. 11.)
Jos. Klug G. B. 1535.

123a. Heilig, heilig. (B. A. 39, № 72.)

Handschr. Choralbuch. Steinau 1726.
Umbildung vielleicht von Bach.

Hei-lig, hei- - lig, hei- - lig bist du Herr Gott Ze - ba -
oth! Al - le Lan- - de sind sei - ner Eh- - re voll

Jes. 6, 3 u. Ev. Matth. 21, 9.

123b. Sanctus, sanctus Dominus Deus Sabaoth. (B. A. 39, No. 72.)

124. Helft mir Gott's Güte preisen. (Cant. 28. Gottlob, nun geht das Jahr zu Ende. B. A. 5 I. 272.)
(Von Gott will ich nicht lassen.)

Wolfg. Figulus 1575.

1. Helft mir Gott's Gü - te prei - - sen, ihr lie - ben Kin - der - lein,
mit G'sang und an - dern Wei - - sen ihm all - zeit dankbar sein;
6. All' solch dein' Güt' wir prei - - sen, Va - ter in's Himmels - thron,
die du uns thust be - wei - - sen, durch Chri - stum, dei - nen Sohn,
Cont.

vor - nehm - lich zu der Zeit, da sich das Jahr thut en - - den, die
und bit - ten fer - ner dich: gieb uns ein fried - lich's Jah - - re, für

Sonn' sich zu uns wen - - den; das neu' Jahr ist nicht weit.
al - lem Leid be - wah - - re und nähr' uns mil - dig - - lich.
6 Str. (In der B. A. nur die 6. Str.)

Paul Eber vor 1569.

125. Helft mir Gott's Güte preisen. (Cant. 16. Herr Gott, dich loben wir. B. A. 2. 198.)

Wolfg. Figulus 1575.

All' solch dein' Güt' wir prei - sen, Va - ter in's Himmels - thron,
die du uns thust be - wei - sen durch Je - sum dei - nen Sohn.

und bit - ten fer - ner dich, gieb uns ein fried - lich Jah - - re, vor
al - les Leid be - - wah - - re und nähr' uns mil - dig - - lich.
6 Str. (Str. 6 des Liedes: Helft mir Gott's Güte preisen.)
*)

Paul Eber vor 1569.

126. Helft mir Gott's Güte preisen.

(Cant. 183. Sie werden euch in den Bann thun. B. A. 37. 74.)

Wolfg. Figulus 1575.

1. Zeuch ein zu dei - nen Tho - - ren, sei mei - nes Her - zens Gast,
der du, da ich ge - bo - - ren, mich neu ge - bo - ren hast.
5. Du bist ein Geist, der leh - - ret, wie man recht be - ten soll;
dein Be - ten wird er - hö - - ret, dein Sin - gen klin - get wohl;
O hoch - ge - lieb - ter Geist des Va - ters und des Soh - - nes, mit
es steigt zum Him - mel an, es steigt und lässt nicht a - - be, bis
bei - den glei - ches Thro - - nes, mit bei - den gleich ge - - preist!
der ge - hol - fen ha - - - - be, der al - lein hel - fen kann.
12 Str. (In der B. A. nur die 5. Str.)

P. Gerhardt 1653.

*) Die kleinen Noten nach der Ausgabe von 1785 № 99.

127. Herr Christ, der einig' Gott's Sohn.

(Cant. 164. Ihr, die ihr euch von Christo nennet. B. A. 33. 88.) Erfurt. Enchiridion 1524.

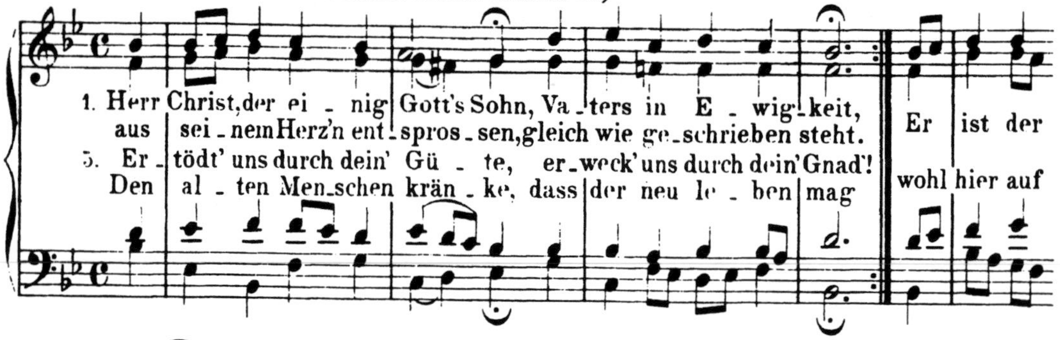
1. Herr Christ, der ei - nig Gott's Sohn, Va - ters in E - wig - keit,
aus sei - nem Herz'n ent - spros - sen, gleich wie ge - schrieben steht.
5. Er - tödt' uns durch dein' Gü - te, er - weck' uns durch dein' Gnad'!
Den al - ten Men - schen krän - ke, dass der neu le - ben mag
Er ist der
wohl hier auf

Morgen - ster - ne, sein'n Glanz streckt er so fer - ne, vor an - dern Sternen klar.
die - ser Er - den, den Sinn und all Be - gehr - den, nur G'danken hab' zu dir.
5 Str. (In der B. A. nur die 5. Str.)

Elisabeth Creutziger 1524.

128. Herr Christ, der einig' Gott's Sohn.

(Cant. 96. Herr Christ, der einig' Gotts Sohn. B. A. 22. 184.) Erfurt. Enchiridion 1524.

Er - tödt' uns durch dein' Gü - te, er - weck' uns durch dein' Gnad';
den al - ten Men - schen krän - ke, dass der neu' le - ben mag
wohl
Cont.

hier auf die - ser Er - den, den Sinn und all' Be - gehr - den und G'danken hab' zu dir.
5 Str. (Str. 5 des Liedes: Herr Christ, der einig Gott's Sohn.)

Elisabeth Creutziger 1524.

129. Herr Gott, dich loben alle wir. (B. A. 39. № 73.)

Französische Psalmen. Genf 1551.

Herr Gott, dich lo - - - ben al - - - le wir und

Paul Eber (1554 ?).

130. Herr Gott, dich loben alle wir.

Franz. Psalmen. Genf 1551.

Paul Eber (1554 ?).

In der B. A. noch nicht veröffentlicht. In Erks Ausgabe Bachscher Choräle als Nº 220 angeführt. Echtheit fraglich. S. Vorwort des 39. B. d. B. A. S. L.

131. Herr Gott, dich loben alle wir. (Cant. 130. Herr Gott, dich loben alle wir. B. A. 26. 268.)

Franz. Psalmen. Genf 1551.

11. Da - rum wir bil - lig lo - ben dich und dan - ken

12. Und bit - ten dich, du wollst all - zeit die - sel - ben

dir, Gott, e - wig - lich, wie auch der lie - ben

hei - ssen sein be - reit, zu schü - tzen dei - ne

En - gel Schaar dich prei - set heut und im - mer - dar.

klei - ne Heerd, so hält dein gött - lich Wort in Werth.

12 Str. (Str. 11 u. 12 des Liedes: Herr Gott, dich loben alle wir.)

Paul Eber 1554 ?

132. Herr Gott, dich loben alle wir. (B. A. 39. № 74.)

Franz. Psalmen. Genf 1551.

1. Für dei - nen Thron tret' ich hier - mit, o Gott, und dich de - mü - thig
bitt': wend' dein ge - nä - dig' An - ge - sicht von mir, dem ar - men Sünder, nicht.
15 Str.

Bodo von Hodenberg 1648.

133. Herr Gott, dich loben wir. (B. A. 39. № 75.)

J. Klugs G. B. 1535.

Herr Gott, dich lo - ben wir, Herr Gott, wir dan - ken dir.
Dich, Gott Va - ter in E - wig - keit, eh - ret die Welt weit und breit.
All' En - gel und all' Him - mels - heer, und was da die - net dei - ner Ehr',
auch Che - ru - bim und Se - ra - phim sin - gen im - mer mit ho - her Stimm':
Hei - lig ist un - ser Gott!
Hei - lig ist un - ser Gott!

Hei - lig ist un - ser Gott, der Herr Ze - ba - oth!
Dein' gött_lich Macht und Herrlich_keit geht ü - ber Himm'l und Er_den weit.
Der hei_li - gen zwölf Bo_ten Zahl, und die lie_ben Pro_phe_ten all,
die theu_ren Märt_rer all_zu_mal lo - ben dich, Herr, mit gro_ssem Schall.
Die gan_ze wer_the Christen_heit rühmt dich auf Er_den al_le_zeit.
Dich, Gott Va - ter, im höchsten Thron, dei - nen rech_ten und ein'_gen Sohn,
den heil'gen Geist und Tröster werth mit rech_tem Dienst sie - lobt und ehrt.
Du Kön'g der Eh - ren, Je - su Christ, Gott Va - ters ew'_ger Sohn du bist,
der Jung_frau Leib nicht hast verschmäht, zuer - lö - sen das mensch_lich' Ge_schlecht,
du hast dem Tod zer - stört sein Macht und all' Chri_sten zum Himmel bracht.
Du sitz'st zur Rech_ten Got_tes gleich mit al - ler Ehr' in's Va_ters Reich.
Ein Rich - ter du zu - künf_tig bist Al - les, was todt und le_bend ist.
Nun hilf uns, Herr, den Die_nern dein, die mit dein'm Blut er - lö - set sein.
Lass uns im Himmel ha - ben Theil mit den Heil'gen im ew'_gen Heil! Hilf
dei_nem Volk, Herr Je - su Christ und seg_ne was dein Erb_theil ist, wart'

und pfleg' ihr' zu al - ler Zeit und heb' sie hoch in E - wig - keit. Täg-
-lich, Herr Gott, wir lo - ben dich und ehr'n dein'n Na - men ste - tig - lich.
Be - hüt' uns heut', o treu - er Gott, vor al - ler Sünd und Mis - se - that,
sei gnädig uns, o Her - re Gott, sei gnä - dig uns in al - ler Noth!
Zeig' uns dei - ne Barm - her - zig - keit, wie un - ser Hoffnung zu dir steht.
Auf dich hof - fen wir, lie - ber Herr, in Schan - den lass uns
nim - mer - mehr. A - - - - - - - - - - - - men!
A - - - - - men!
Ambrosianischer Lobgesang verdeutscht von Mart. Luther 1529.

134. Herr Gott, dich loben wir.

(Cant. 119. Preise, Jerusalem den Herrn. B. A. 24, 246.) J. Klug. G. B. 1535.

Hilf dei_nem Volk, Herr Je_su Christ, und seg_ne das dein
Erb_theil ist. Wart' und pfleg' ihr'r zu al_ler Zeit und
heb sie hoch in E_wig_keit. A_ _ _ _ _men.
(Str. a. dem Te deum.)

M. Luther 1529.

135. Herr Gott, dich loben wir.

(Cant. 120 Gott, man lobet dich in der Stille. B. A. 24, 284.) Val. Babst G. B. 1545.

Nun hilf uns Herr den Dei_nen dein, die mit dein'm Blut er_lö_set sein. Lass
uns im Himmel ha_ben Theil mit den Heil'_gen im ew'_gen Heil. Hilf

dei - nem Volk, Herr Je - su Christ, und seg - ne was dein Erbtheil ist, wart'
und pfleg' ihr'r zu al - ler Zeit und heb sie hoch in E - wig - keit.
5 Str. (4. Str. des Liedes: Herr Gott dich loben wir.)

M. Luther 1529.

136. Herr, ich denk' an jene Zeit. (B. A. 39, No. 76.)

G. B. der Böhm. Brüder 1566.

Herr, ich denk' an je - ne Zeit, wenn ich die - sem kur - zen Le -
kurzen Le -
kur zen Le -
ben we - gen mei - ner Sterblich - keit gu - te Nacht muss ge - ben, wenn ich
werd' auf dein Ge - bot durch den Tod Al - les ü - ber - stre - ben.
(7 Str.)

Georg Mylius 1650.

137. Herr, ich habe missgehandelt. (B. A. 39, № 77.)

J. Krüger 1649.

Herr, ich ha - be miss - ge - han - delt, ja mich drückt der Sün - den Last;
ich bin nicht den Weg ge - wan - delt, den du mir ge - zei - get hast,
gern aus Schrecken
und jetzt wollt' ich gern aus Schre - cken mich vor dei - nem Zorn ver - ste - cken.
(8 Str.)
gern aus Schrecken

J. Frank vor 1649.

138. Herr, ich habe missgehandelt. (B. A. 39, № 78.)

J. Krüger 1649.

Herr, ich ha - be miss - ge - han - delt, ja mich drückt der Sün - den Last;
ich bin nicht den Weg ge - wan - delt, den du mir ge - zei - get hast;
und itzt wollt' ich gern aus Schre - cken mich vor dei - nem Zorn ver - ste - cken.
(8 Str.)

J. Frank vor 1649.

139. Herr Jesu Christ, dich zu uns wend'. (B. A. 39, No. 79.)

Pensum sacrum. Görlitz 1648.

Herr Je_su Christ, dich zu uns wend', dein'n heil'_gen Geist du zu uns send', mit
Hülf' und Gnad', Herr, uns re_gier' und uns den Weg zur Wahr_heit führ'.
(4 Str.)

Herzog Wilhelm II. zu Sachsen Weimar (?) 1651.

140. Herr Jesu Christ, du hast bereit't. (B. A. 39, No. 80.)

Handschriftlich: J. G. Wagner 1742. vielleicht von Bach?

Herr Je_su Christ, du hast be_reit't für uns_re mat_te See_len
dein'n Leib und Blut zu ein'r Mahlzeit thust uns zu Gä_sten wäh_len.
Wir tra_gen uns_re Sün_den_last; drum kom_men wir bei
dir zu Gast und su_chen Rath und Hül_fe.
(8 Str.)

Samuel Kinner 1641.

141. Herr Jesu Christ, du höchstes Gut. (B. A. 39, № 81.)

Dresden G. B. 1593.

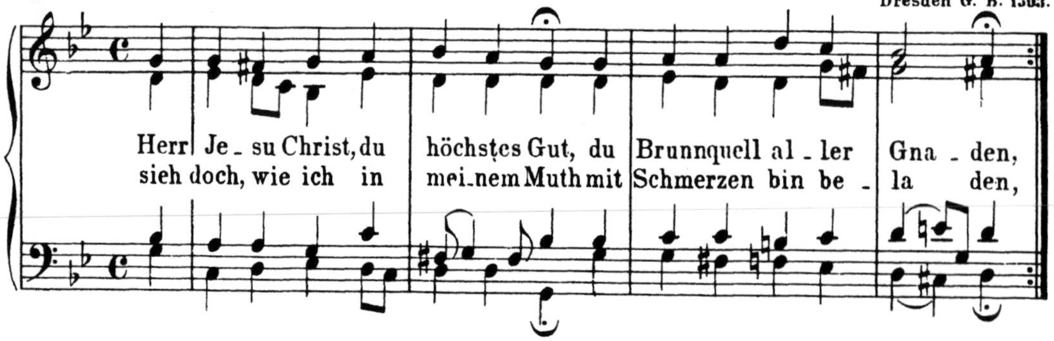
Herr Je_su Christ, du höchstes Gut, du Brunnquell al_ler Gna_den,
sieh doch, wie ich in mei_nem Muth mit Schmerzen bin be_la den,

und in mir hab' der Pfei_le viel, die im Ge_wis_sen
Ge_wis

oh_ne Ziel mich ar_men Sün_der drü_cken.
(8 Str.)
_sen oh_ne

Bartholomaeus Ringwaldt 1588.

142. Herr Jesu Christ, du höchstes Gut.

(Cant. 113. Herr Jesu Christ, du höchstes Gut. B. A. 24, 80.)

Dresden G. B. 1593.

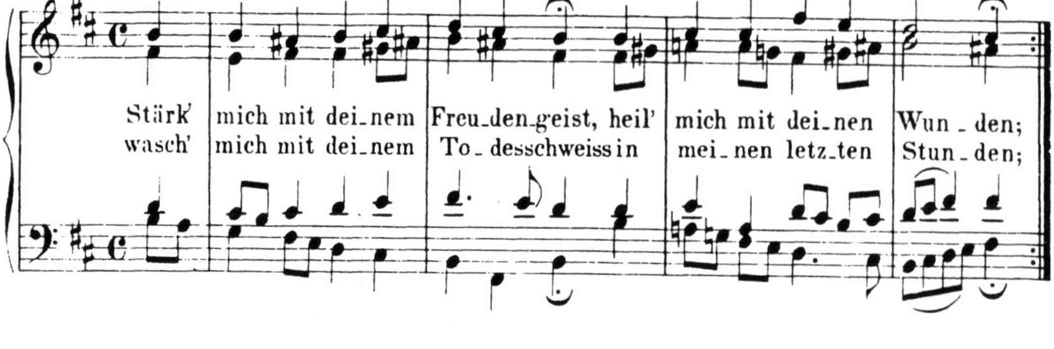
Stärk' mich mit dei_nem Freu_den_geist, heil' mich mit dei_nen Wun_den;
wasch' mich mit dei_nem To_desschweiss in mei_nen letz_ten Stun_den;

und nimm mich einst, wenn dir's ge - fällt im wah - ren Glau - ben
von der Welt zu dei - nen Aus - - er - wähl - ten.
8 Str. (Str. 8 des Liedes: Herr Jesu Christ, du höchstes Gut.)

Barth. Ringwaldt 1588

143. Herr Jesu Christ, du höchstes Gut.

(Cant. 168. Thue Rechnung! Donnerwort. B. A. 33, 166.)

Dresden G. B. 1530.

Stärk' mich mit dei - nem Freu - den - geist, heil' mich mit dei - nen Wun - den,
wasch' mich mit dei - nem To - desschweiss in mei - nen letz - ten Stun - den,
und nimm mich einst, wenn dir's ge - fällt, im wah - ren Glau - ben
Aus er - wähl - - ten.
von der Welt zu dei nen Aus - - er - wähl - ten.
8 Str. (Str. 8 des Liedes: Herr Jesu Christ, du höchstes Gut.)

Barth. Ringwaldt 1588.

144. Herr Jesu Christ, du höchstes Gut.

(Cant. 48. Ich elender Mensch, wer wird mich erlösen. B. A. 10, 298.) Dresden G. B. 1593.

1. Herr Je-su Christ, ich schrei zu dir aus hoch-be-trüb-ter See-le;
dein' Allmacht lass er-schei-nen mir und mich nicht al-so quä-le.
12. Herr Je-su Christ, ei-ni-ger Trost, zu dir will ich mich wen-den;
mein Herzleid ist dir wohl be-wusst, du kannst und wirst es en-den.
Viel grö-sser ist die Angst und Schmerz, so an-ficht und be-trübt mein Herz, als dass ich's kann er-zäh-len.
In dei-nen Wil-len sei's ge-stellt, mach's, lie-ber Gott, wie dir's ge-fällt: dein bin und will ich blei-ben.
(12 Str.)

? J. H. Schein's Cantional.

145. Herr Jesu Christ, mein's Lebens Licht. (B. A. 39 No. 82.)

Sethus Calvisius 1594. (Melodie des Rex Christe factor omnium)

O Je-su, du mein Bräu-ti-gam, der du aus Lieb' am Kreuzesstamm für mich den Tod ge-lit-ten hast, ge-nom-men weg der Sün-den Last.
Herr Je-su Christ, mein's Le-bens Licht, mein Hort, mein Trost, mein' Zu-ver-sicht, auf Er-den bin ich nur ein Gast, und drückt mich sehr der Sün-den Last.
(11 Str.)
12 Str. Joh. Heermann 1630.

M. Behm 1610.

146. Herr Jesu Christ, wahr'r Mensch und Gott. (B. A. 39 No. 83.)

Poln. Cantional 1559.
Joh Eccard 1597.

Herr Je_su Christ, wahr'r Mensch und Gott, der du litt'st Marter, Angst und Spott, für
mich am Kreuz auch end_lich starbst und mir dein's Va_ters Huld er_warbst.
(8 Str.)

P Eber 1560.

147. Herr Jesu Christ, wahr'r Mensch und Gott.

(Cant. 127. Herr Jesu Christ, wahr'r Mensch und Gott. B. A. 26, 160.)

Franz. Psalmen
Genf 1555.

Ach Herr, vergieb all' uns_re Schuld, hilf dass wir war_ten mit Ge_duld, bis
un_ser Stündlein kömmt her_bei, auch un_ser Glaub' stets wa_cker sei, dein'm
Wort zu trau_en fe_stig_lich, bis wir ent_schla_fen se_lig_lich.
8 Str. (Str. 8 des Liedes: Herr Jesu Christ, wahr'r Mensch und Gott.)

P. Eber 1560.

148. Herr, nun lass in Friede. (B. A. 39 No. 84.)

Böhm. Brüder G. B. 1694.

Herr, nun lass in Frie - de, le - bens - satt und mü - de,
dei - nen Die - ner fah - ren zu den Him - mels - scha - ren,
se - lig und im Stil - len, doch nach dei - nem Wil - len.
(10 Str.)

David Behme vor 1657.

149. Herr, straf' mich nicht in deinem Zorn. (B. A. 39 No. 85.)

J. Crüger 1640.

Herr, straf' mich nicht in dei - nem Zorn, das bitt ich dich von Her - zen,
sonst bin ich ganz und gar ver - lor'n, mit dir ist nicht zu scher - zen,

und zücht_ge mich nicht in dein'm Grimm, weil ich so voll Be_
trüb_niss bin, und lei_de gro_sse Schmer_zen.
(6 Str.)

? 1640.

150. Herr, wie du willst, so schick's mit mir.

(Aus tiefer Noth schrei' ich zu dir.)

(Cant. 156. Ich steh' mit einem Fuss im Grabe. B. A. 32, 114.)

Strassburger Kirchenamt 1525.

Herr, wie du will't, so schick's mit mir im Le_ben und im Ster_ben;
al_lein zu dir steht mein Begehr, Herr, lass mich nicht ver_der_ben!
Er_halt' mich nur in dei_ner Huld, sonst, wie du will't, gieb
mir Ge_duld; dein Will' der ist der be_ste.
(3 Str.)

Caspar Bienemann 1574.

151. Herr, wie du willst, so schick's mit mir. (B. A. 39 No 86.)
(Aus tiefer Noth schrei ich zu dir.)

Strassburg 1525.

Wer in dem Schutz des Höch_sten ist, und sich Gott thut er_ge_ben,
der spricht: du, Herr, mein' Zu_flucht bist, mein Gott, Hoffnung und Le_ben,
Herr, wie du willst, so schick's mit mir im Le_ben wie im Ster_ben,
al_lein zu dir steht mein Be_gehr, lass mich, Herr, nicht ver_der_ben.
der du ja wirst er_ret_ten mich von Teu_fels Stri_cken
Er_halt' mich nur in dei_ner Huld, sonst wie du willst, gieb
gnä_dig_lich und von der Pe_sti_len_ze.
(9 Str.) Sebald Heyden 1544.
mir Ge_duld, dein Will', der ist der be_ste.
(3 Str.)

Casp. Bienemann 1574.

152. Herzlich lieb hab' ich dich, o Herr. (B. A. 39 No 87.)

Pasch. Reinigius 1587.
B. Schmid, Tabulaturbuch 1577.

Herz_lich lieb hab' ich dich, o Herr, ich bitt', wollst sein von mir nicht fern mit
Die ganz' Welt nicht er_freu_et mich, nach Himm'l und Erd' nicht fra_ge ich, wenn
dei_ner Huld und Gna_de.
ich nur, Herr, dich ha_be.
Und wenn mir gleich mein Herz zerbricht, so bist doch du mein'

Zu_versicht, mein Heil und meines Herzens Trost, der mich durch sein Blut hat er_löst, Herr
Je_su Christ! Herr Je_su Christ, mein Gott und Herr! in Schanden lass mich nimmermehr.
(3 Str.)

Martin Schalling 1571.

153. Herzlich lieb hab' ich dich, o Herr.

Pasch. Reinigius 1587.
B Schmid Tabulaturbuch 1577.

(Cant. 174. Ich liebe den Höchsten. B. A. 35, 157.)

Herz_lich lieb hab' ich dich, o Herr, ich bitt': woll'st sein von mir nicht fern mit dei_ner Hilf' und Gna_den.
Die gan_ze Welt er_freut mich nicht, nach Himm'l und Er_de frag' ich nicht, wenn ich dich nur kann ha_ben.
Taille
Herr, wenn mir gleich mein Herz zerbricht, so bist du doch mein' Zu_ver_sicht, mein Heil und meines Herzens Trost, der mich durch sein Blut hat erlöst. Herr Je_su Christ, mein Gott und Herr, mein Gott und Herr, in Schanden lass mich nimmermehr.
(3 Str.)

Mart. Schalling 1571.

154. Herzlich lieb hab ich dich, o Herr.

(Johannes-Passion. B. A. 12 I, 131.)

Pasch. Reinigius 1587.
B. Schmids Tabulaturbuch 1577.

Ach Herr, lass dein lieb' En_ge_lein am letz_ten End' die
Den Leib in sein'm Schlaf_käm_mer_lein gar sanft, ohn ein'_ge
Cont.
See_le mein in A_brahams Schooss tra_gen;
Qual und Pein, ruhn bis am jüng_sten Ta_ge!
Als_dann vom Tod er_
we_cke mich, dass mei_ne Au_gen se_hen dich in al_ler Freud', o
Got_tes Sohn, mein Hei_land und Ge_na_denthron! Herr Je_su Christ, er_
hö_re mich, er_hö_re mich: ich will dich preisen e_wig_lich.
3 Str. (Str. 3 des Liedes: Herzlich lieb.)

Martin Schalling 1571.

155. Herzlich lieb hab ich dich, o Herr.

(Cant. 149. Man singet mit Freuden vom Sieg. B. A. 30, 299.)

Pasch. Reinigius 1587.
B. Schmids Tabulaturbuch 1577.

Ob.
Ach Herr, lass dein' lieb' En_ge_lein am letz_ten End' die
den Leib in sei'm Schlaf _käm_mer_lein gar sanft, ohn' ein'_ge
See_le mein in A_brahams Schooss tra_gen;
Qual und Pein, ruhn bis am jüng_sten Ta_ge.
Als_dann vom Tod er_
we_cke mich, dass mei_ne Au_gen se_hen dich in al_ler Freud', o
Got_tes Sohn, mein Hei_land und mein Gna_denthron. Herr Je_su Christ, er_
Trompeten.
hö_re mich, er_hö_re mich: ich will dich preisen e_wig_lich.
3 Str. (Str. 3 des Liedes: Herzlich lieb hab' ich dich.)
Pauken.

Martin Schalling 1571.

156. Herzlich thut mich verlangen.

(Cant. 135. Ach Herr, mich armen Sünder. B. A. 28, 136.)

Hans Leo Hassler 1601.

1. Ach Herr mich ar - men Sün - der straf nicht in dei - nem Zorn;
dein'n ern - sten Grimm doch lin - der, sonst ist's mit mir ver - lor'n.
6. Ehr' sei in's Him - mels Thro - ne mit al - lem Ruhm und Preis
dem Va - ter und dem Soh - ne, und auch zu glei - cher Weis'
Ach Herr, wollst mir ver - ge - ben mein Sünd' und gnä - dig sein, dass
dem heil'gen Geist zu Eh - ren, in al - le E - wig - keit! der
ich mag e - wig le - ben, entfliehn der Höl - len - pein.
woll uns' All'n be - sche - ren die ew' - ge Se - lig - keit!
6 Str. (In der B. A. nur die 6. Str.)

Cyriacus Schneegass 1597.

157. Herzlich thut mich verlangen. (B. A. 39. № 18.)

H. L. Hassler 1601.

Be - fiehl du dei - ne We - ge, und was dein Her - ze kränkt,
der al - ler - treu - sten Pfle - ge des, der den Him - mel lenkt.
Der Wol - ken, Luft und Win - den gibt We - ge, Lauf und Bahn, der
wird auch We - ge fin - den, die dein Fuss ge - hen kann.
(12 Str.)

P. Gerhardt 1656.

158. Herzlich thut mich verlangen. (B. A. 39. № 19.)

H. L. Hassler 1601.

Be-fiehl du dei-ne We-ge, und was dein Her-ze kränkt,
der al-ler-treu-sten Pfle-ge des, der den Him-mel lenkt.

Der Wol-ken, Luft und Win-den gibt We-ge, Lauf und Bahn, der

wird auch We-ge fin-den, da dein Fuss ge-hen kann. (12 Str.)

P. Gerhardt 1656.

159. Herzlich thut mich verlangen.

(Matthäus-Passion. B. A. 4, 186.)

H. L. Hassler 1601.

Be-fiehl du dei-ne We-ge und was dein Her-ze kränkt,
der al-ler-treu-sten Pfle-ge des, der den Him-mel lenkt,

der Wol-ken, Luft und Win-den giebt We-ge, Lauf und Bahn, der

wird auch We-ge fin-den, da dein Fuss ge-hen kann. (12 Str.)

P. Gerhardt 1656.

160. Herzlich thut mich verlangen.

(Cant. 153. Schau, lieber Gott, wie meine Feind' B. A. 32, 46.)

H. L. Hassler 1601

Und ob-gleich al-le Teu-fel dir woll-ten wi-der-stehn.
so wird doch oh-ne Zwei-fel Gott nicht zu-rü-cke gehn;
was er ihm für-ge-nom-men und was er ha-ben will, das
muss doch end-lich kom-men zu sei-nem Zweck und Ziel.
12 Str. (Str. 5 des Liedes: Befiehl du deine Wege.)

P. Gerhardt 1656.

161. Herzlich thut mich verlangen.

(Cant. 161. Komm, du süsse Todesstunde. B. A. 33, 27.)

H. L. Hassler 1601.

Flöte I u. II.
1.* Herz-lich thut mich ver-lan-gen nach ei-nem sel-gen End.
weil ich hier bin um-fan-gen mit Trüb-sal und E-lend.
4. Der Leib zwar in der Er-den von Wür-mern wird ver-zehrt,
doch auf-er-weckt soll wer-den, durch Chri-stum schön ver-klärt,
Ich hab' Lust ab-zu-schei-den von
wird leuch-ten als die Son-ne und

* In der B. A nur die 4. Str.

die - ser ar - gen Welt, sehn' mich nach ew' - gen Freu - - den, o Je - su, komm nur bald.
le - ben oh - ne Noth in himml'scher Freud' und Won - - ne. Was schad't mir dann der Tod?
(11 Str.)

Christoph Knoll 1599.

162. Herzlich thut mich verlangen.

(Matthäus-Passion. B. A. 4, 214.)

H. L. Hassler 1601.

1. O Haupt voll Blut und Wun - den, voll Schmerz und vol - ler Hohn!
O Haupt, zu Spott ge - bun - den mit ei - ner Dor - nen - kron'!
2. Du ed - les An - ge - sich - te, vor dem sonst schrickt und scheut
das gro - sse Welt - ge - rich - te, wie bist du so be - speit.
O Haupt, sonst schön ge - zie - ret mit höch - ster Ehr' und Zier, jetzt
Wie bist du so er - blei - chet, wer hat dein Au - gen - licht, dem
a - ber hoch schim - pfi - ret: ge - grü - sset seist du mir!
sonst kein Licht nicht glei - chet, so schänd - lich zu - ge - richt't?
(10 Str.)

P. Gerhardt 1650.

163. Herzlich thut mich verlangen.

(Matthäus-Passion. B. A. 4, 51 u. 53.)

H. L. Hassler 1601.

5. Er_ken_ne mich, mein Hü_ter, mein Hir_te, nimm mich an,
von dir, Quell al_ler Gü_ter, ist mir viel Gut's ge_than.
6. Ich will hier bei dir ste_hen; ver_ach_te mich doch nicht!
(In Es dur.) Von dir will ich nicht ge_hen, wenn dir dein Her_ze bricht.
Dein Mund hat mich ge_la_bet mit Milch und sü_sser Kost, dein
Wann dein Herz wird er_blas_sen im letz_ten To_des_stoss, als_
Geist hat mich be_ga_bet mit man_cher Him_mels_lust.
dann will ich dich fas_sen in mei_nen Arm und Schooss.
10 Str. (Str. 5 u. 6 des Liedes: O Haupt voll Blut und Wunden.)

P. Gerhardt 1656.

164. Herzlich thut mich verlangen.

(Matthäus-Passion. B. A. 4, 248.)

H. L. Hassler 1601.

Wenn ich ein_mal soll schei_den, so schei_de nicht von mir!
Wenn ich den Tod soll lei_den, so tritt du dann her_für!

Wenn mir am al - ler - bäng - sten wird um das Her - ze sein, so
reiss mich aus den Äng - sten kraft dei - ner Angst und Pein!
10 Str. (Str. 9 des Liedes: O Haupt voll Blut und Wunden.)

P. Gerhardt 1656.

165. Herzlich thut mich verlangen.

(Weihnachts-Oratorium. B. A. 5 II, 36.) H. L. Hassler 1601.

Wie soll ich dich em - pfan - gen, und wie be - gegn' ich dir?
o al - ler Welt Ver - lan - gen, o mei - ner See - len Zier!
Cont.
O Je - su, Je - su! se - tze mir selbst die Fa - ckel bei, da -
mit, was dich er - gö - tze, mir kund und wis - send sei.
(10 Str.)

P. Gerhardt 1653.

166. Herzliebster Jesu, was hast du verbrochen.

(Matthäus-Passion. B.A. 4, 23.)

Joh. Crüger 1640.

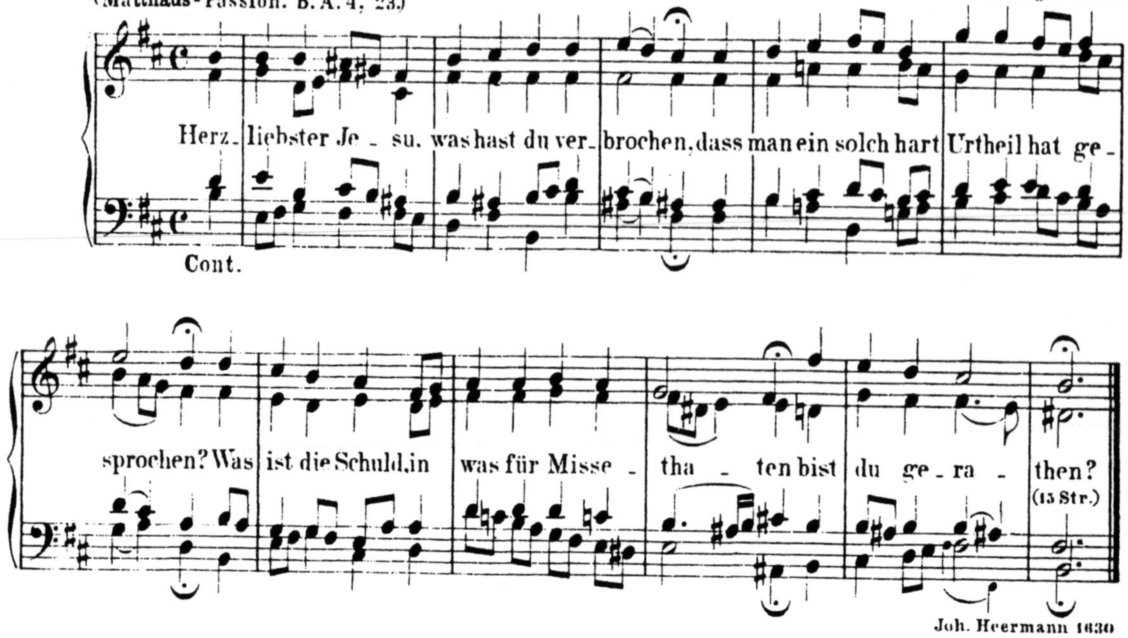
Herz_ liebster Je _ su, was hast du ver_ brochen, dass man ein solch hart Urtheil hat ge _
Cont.
sprochen? Was ist die Schuld, in was für Misse _ tha _ ten bist du ge _ ra _ then?
(15 Str.)

Joh. Heermann 1630

167. Herzliebster Jesu, was hast du verbrochen.

(Matthäus-Passion. B.A. 4. 192.)

Joh. Crüger 1640.

Wie wun_der_bar_lich ist doch die_se Stra _ fe! der
gu_te Hir_te lei_det für die Scha _ fe: die Schuld be_zahlt der
Her_re, der Ge_ _rech_ _te, für sei_ne Knech _ _te!
15 Str. (Str. 4 des Liedes: Herzliebster Jesu.)

Joh. Heermann 1630.

168. Herzliebster Jesu, was hast du verbrochen.

(Johannes-Passion. B. A. 12 I, 17.)

Joh. Crüger 1640.

O grosse Lieb', o Lieb' ohn' al_le Maasse, die dich gebracht auf die_se Marter_
Cont.
stra_sse! Ich leb_te mit der Welt in Lust und Freu_den, und du musst lei_ _den!
15 Str. (Str. 7 des Liedes: Herzliebster Jesu.)

Joh. Heermann 1630.

169. Herzliebster Jesu, was hast du verbrochen.

(Johannes-Passion. B. A. 12 I, 52.)

Joh. Crüger 1640.

8. Ach, gro_sser Kö_nig, gross zu al_len Zei_ _ten, wie
9. Ich kanns mit mei_nen Sin_nen nicht er_ _rei_ _chen, wo_
Cont.
kann ich g'nugsam die_se Treu' aus_ brei_ _ten? Kein's Men_schen Her_ze
mit doch dein Er_ bar_men zu ver_ glei_ _chen. Wie kann ich dir denn
mag in_ dess aus_ den_ _ken, was dir zu schen_ _ken.
dei_ne Lie_bes_ tha_ _ten im Werk er_stat_ _ _ten?
15 Str. (Str. 8 u. 9 des Liedes: Herzliebster Jesu.)

Joh. Heermann 1630.

170. Heut' ist o Mensch, ein grosser. (B. A. 39. № 88.)

M. Apelles v. Löwenstern 1644.

*) Heut' ist, o Mensch, ein grosser Trau_er_tag, an welchem un_ser
Heut' stirbet Gott, wer ist, der solch's be_denkt? Das Le_ben selbst heut
Komm! meine Seel', und tritt zum Kreuz her_bei, zu hö_ren was des
Hei_land gros_se Plag' er_lit_ten hat, und todt dar_nie_der lag.
an dem Kreu_ze hängt und sich für uns zum Sün_den_o_pfer schenkt.
To_des Ur_sach sei, und tra_ge drob von Her_zen Leid und Reu.
(3 Str; mit Christi Rede am Kreuz 13 Str.)

A. v. Löwenstern 1644.

171. Heut' triumphiret Gottes Sohn. (B. A. 39. № 89.)

Bartholomäus Gesius 1601.

Heut trium_phi_ret Got_tes Sohn, der von dem Tod er_stan_den schon, Hal_
le_lu_ja, hal_le_lu_ja! mit grosser Pracht und Herr_lich_keit,
des dank'n wir ihm in E_wig_keit. Hal_le_lu_ja, hal_le_lu_ja!
(6 Str.)

Basilius Förtsch 1601.

*) In der B. A. nur die 1. Str. Vergl. № 303.

Praxis pietatis 1653.

172. Hilf, Gott, dass mir's gelinge. (B. A. 39. Nº 90.)

Heinr. Müller von Zütphen. vor 1531.

173. Hilf, Herr Jesu, lass gelingen. (B. A. 39. Nº 91.)

J. Schop 1642.

Joh. Rist 1642.

174. Ich bin ja, Herr, in deiner Macht. (B. A. 39, № 92.)

Joh. Seb. Bach. ?

in dei - - ner Macht,
an das Licht
meiner Mon - - den Zahl,
diesem Jam -
Ich bin ja, Herr, in dei - ner Macht, du hast mich an das
du ken - nest mei - ner Mon - den Zahl, weisst. wann ich die - sem
Licht ge - bracht, und du er - hältst mir auch das Le - - ben,
Jam - mer - thal auch wie - der gu - te Nacht soll ge - - ben.
ich ster - - ben soll,
Wo, wie und wann ich ster - ben soll, das weisst du, Va - ter, mehr als wohl.
(8 Str.)

Simon Dach vor 1648.

175. Ich dank' dir, Gott, für all' Wohlthat. (B. A. 39, № 93.)

Cyr. Spangenberg 1568.
Eisleben. G. B. 1598.

Ich dank' dir, Gott für all' Wohl - that, dass du uns hast so
gnä - - dig - lich die Nacht be - hüt't durch dei - - ne

Güt', und bitt' nun fort, ach Gott, mein Hort, vor Sünd' und G'fahr mich
Bö - ses wi - - - der
heut' be - wahr, dass mir kein Bö - - ses wi - der fahr.
(3 Str.)

J. Freder 1552.

176. Ich dank' dir, lieber Herre. (B. A. 39, No 94.)

J. K. Horn 1544.
Praxis piet 1662.

Ich dank' dir, lie - ber Her - re, dass du mich hast bewahrt
in die - ser Nacht Ge - fäh - re, da - rin ich lag so hart
mit Fin - ster - niss um - fan - gen, da - zu in gro - sser Noth, da -
raus ich bin ent - gan - gen, halfst du mir Her - - - re Gott!
(9 Str.)

Joh. Kolrose 1535.

177. Ich dank' dir, lieber Herre. (B. A. 39, Nº 95.)

J. K. Horn 1544.
Praxis piet 1662.

1.
Ich dank' dir, lie - ber Her - re, dass du mich hast be - wahrt in dieser
Nacht Ge - fäh - re, da - rin ich lag so hart
2.
mit Fin - ster - niss um - fan - gen, da - zu in gro - sser Noth, da -
raus ich bin ent - gan - gen, halfst du mir, Her - re Gott.
(9 Str.)

Joh. Kolrose 1535.

178. Ich dank' dir, lieber Herre.

(Cant. 37. Wer da glaubet und getauft wird. B. A. 7, 282.)

J. K. Horn 1544.
Praxis piet 1662.

Den Glauben mir ver - lei - he an dein'n Sohn, Je - sum Christ, mein'
Sünd mir auch ver - zei - he all - hier zu die - ser Frist.

Du wirst mir's nicht ver - sa - gen, was du ver - hei - ssen hast, dass
er mein' Sünd thu' tra - gen und lös' mich von der Last.
9 Str. (Str. 4 des Liedes: Ich dank dir, lieber Herre.)
mich von

Joh. Kohlrose 1535.

179. Ich dank' dir schon durch deinen Sohn. (B. A. 39, Nº 96.)

Mich. Praetorius 1610.

Ich dank' dir schon durch dei - nen Sohn, o Gott, für
dei - ne Gü - te, dass du mich heut in
die - ser Nacht so gnä - dig hast be - hü - tet.
(8 Str.)

Zach. Berwaldt G. B. Leipzig 1582.

180. Ich danke dir, o Gott, in deinem Throne. (B.A.39, №97.)

Franz. Psalmen, Genf 1555.

Ich dan - ke dir, o Gott, in dei - nem Thro - ne, durch
Je - sum Chri - stum, dei - nen lie - ben Soh - ne, dass
du mich hast in die - ser Nacht be - wah - ret vor Scha - den und vor
man - cher - lei Ge - fah - ren, und bit - te dich, wollst mich an die - sem
Ta - ge be - hü - ten auch vor Sün - den, Schand' und Pla - ge.
(5 Str.)

Joh. Krüger G. B. 1640.

181. Ich freue mich in dir.

Mel. vor Bach nicht nachzuweisen.

(Cant. 133. Ich freue mich in dir. B. A. 28, 80.)

Joh. Balth. König 1738.

1. Ich freu-e mich in dir und hei-sse dich will kom-men,
mein lieb stes Je-su-lein; du hast dir vor-ge-nom-men
4. Wohl-an! so will ich mich an dich, o Je-su, hal-ten,
und soll-te gleich die Welt in tau send Stü-cke spal-ten.
mein Brü-der-lein zu sein. Ach, wie ein sü-sser Ton! Wie
O Je-su! dir, nur dir, dir leb' ich ganz al-lein, auf
freund-lich sieht er aus, der hol-de Got-tes-sohn.
dich, al-lein auf dich, o Je-su, schlaf' ich ein!
4 Str. (Str. 1 u. 4 In der B. A. nur die 2. Str.)

Caspar Ziegler 1648.

182. Ich hab' mein' Sach' Gott heimgestellt. (B. A. 39, № 38.)

Cassel G. B. 1601.

Ich hab' mein' Sach' Gott heim-gestellt, er mach's mit mir, wie's ihm ge-fällt, soll
ich all hier noch län-ger leb'n, nicht wi-derstreb'n, sei'n Will'n thu ich mich ganz er-geb'n.
(18 Str.)

Joh. Leon um 1589.

183. Ich ruf' zu dir, Herr Jesu Christ.

(Cant. 177. Ich ruf' zu dir Herr Jesu Christ. B. A. 35, 234.)

Jos. Klug G. B. 1535.

1. Ich ruf' zu dir, Herr Je - su Christ, ich bitt', er - hör' mein Kla - gen,
ver - leih' mir Gnad' zu die - ser Frist, lass mich doch nicht ver - za - gen.
5. Ich lieg' im Streit' und wi - der - streb', hilf, o Herr Christ, dem Schwa - chen!
An dei - ner Gnad' al - lein ich kleb', du kannst mich stär - ker ma - chen.
Cont.
Den rech - ten Weg, o Herr, ich mein', den wol - lest du mir ge - - ben, dir zu le - - - ben, mein'm Näch - sten nütz zu sein, dein Wort zu hal - ten e - ben.
Kömmt nun An - fech - tung, Herr, so wehr, dass sie mich nicht um - sto - - sse. Du kannst ma - - - ssen, dass mir's nicht bring' Ge - fahr; ich weiss, du wirst's nicht las - sen.
5 Str.
(In der B. A. nur die 5 Str.)

Joh. Agricola vor 1530.

184. Ich ruf' zu dir, Herr Jesu Christ.

(Cant. 185. Barmherziges Herze der ewigen Liebe. B. A. 37, 118.)

Jos. Klug G. B. 1535.

Violine
Ich ruf' zu dir, Herr Je - su Christ, ich bitt, er - hör mein Kla - gen;
ver - leih mir Gnad zu die - ser Frist, lass mich doch nicht ver za - gen!

Den rech_ten Glauben, Herr, ich mein, den wol_lest du mir ge_ben, dir zu
le - ben, mei'm Nächsten nutz zu sein, dein Wort zu hal_ten e - ben.
(5 Str.)
Ob.
tr

Joh. Agricola vor 1530.

185. Jesu, der du meine Seele. (B. A. 39, No 99.)

Praxis piet 1662.

Je_su, der du mei_ne See_le hast durch dei_nen bit_tern Tod
aus des Teu_fels fin_strer Höh_le und der schweren Sün_den_noth
kräf_tig_lich her - aus_ge_ris_sen und mich Sol_ches las_sen wis_sen
durch dein an_ge - neh_mes Wort: sei doch itzt, o Gott, mein Hort.
(12 Str.)

Joh. Rist 1641.

186. Jesu, der du meine Seele. (B. A. 39. No 100.)

Praxis piet. 1662.

Je_su, der du meine See_le hast durch dei_nen bit_tern Tod
aus des Teufels fin_strer Höh_le und der schweren Sün_den_noth

kräf_tig_lich her_aus_ge_ris_sen und mich Sol_ches las_sen

wis_sen durch dein an_ge_neh_mes Wort: sei doch itzt, o Gott, mein Hort.

(12 Str.)

Joh. Rist. 1641.

187. Jesu, der du meine Seele. (B. A. 39. No 101.)

Praxis piet. 1662.

Je_su, der du mei_ne See_le hast durch dei_nen bit_tern Tod
aus des Teufels fin_strer Höh_le und der schweren Sün_den_noth

kräf_tig_lich her_aus_ge_ris_sen und mich Sol_ches las_sen wis_sen

durch dein an - ge - neh - mes Wort: sei doch itzt, o Gott, mein Hort.
(12 Str.)

Joh. Rist. 1641.

188. Jesu, der du meine Seele.

(Cant. 78. Jesu, der du meine Seele. B. A. 18, 286.)

Praxis piet. 1662.

Herr! ich glau - be, hilf mir Schwachen, lass mich ja ver - za - gen nicht;
Cont.
du, du kannst mich stär - ker ma - chen, wenn mich Sünd' und Tod an - ficht.
Dei - ner Gü - te will ich trau - en, bis ich fröh - lich wer - de schau - en
dich, Herr Je - su, nach dem Streit in der sü - ssen E - wig - keit.
tr
12 Str. (Str. 12 d. Liedes: Jesu, der du meine Seele.)

Joh. Rist. 1641.

189. Jesu, der du selbst so wohl. (B. A. 39. № 102.)

Kirchen- u. Hausmusik. Breslau o. J. (1668?)

Je - su, der du selbst so wohl hast den Tod ge - schme - cket,
hilf mir, wenn ich ster - ben soll, wenn der Tod mich schre - cket:
Wenn mich mein Ge - wis - sen nagt und die Sün - den pla - gen,
wenn der Sa - tan mich ver - klagt, lass mich nicht ver - za - gen.
(Str.)

Mich. Bapzien, um 1656.

190. Jesu, du mein liebstes Leben. (B. A. 39. № 103.)

Joh. Schop. 1642.

Je - su, du mein lieb - stes Le - ben, mei - ner See - len
der du bist für mich ge - ge - ben an des bit - tern

Bräu - ti - gam, Je - su, mei - ne Freud' und Won - ne, du mein
Kreu - zes Stamm, Hirt und Kö - nig, Licht und Son - ne, ach, wie

Hoff - nung, Schatz und Heil, mein' Er - lö - sung, Schmuck und Heil,
soll ich wür - dig - lich, mein Herr Je - su, prei - sen dich?
(13 Str.)

Joh. Rist. 1642.

191. Jesu, Jesu, du bist mein. (B. A. 39. Nº 104.)

Wahrscheinlich von Bach
Schemelli G. B. 1736.

Je-su, Je-su, du bist mein, weil ich muss auf Erden wallen; lass mich ganz dein

ei - gen sein, lass mein Le-ben dir ge - fallen. Dir will ich mich ganz er-geben,

und im To-de an dir kleben, dir ver-traue ich al-lein, Je-su, Je-su, du bist mein.
(4 Str.)

Meiningen G. B. 1697.

192. Jesu Leiden, Pein und Tod. (Johannes-Passion. B. A. 12 I, 39.)

Melch. Vulpius. 1609.

Petrus, der nicht denkt zurück, seinen Gott ver - nei - net, der doch auf ein'n ernsten Blick bitter-li - chen wei - net: Je-su, bli-cke mich auch an, wenn ich nicht will bü - ssen; wenn ich Bö-ses hab' gethan, rüh-re mein Ge - wis - sen.
Cont.
34 Str. (Str. 10 des Liedes: Jesu Leiden, Pein und Tod.)

Paul Stockmann, vor 1636.

193. Jesu Leiden, Pein und Tod. (Johannes-Passion. B. A. 12 I, 103.)

Melch. Vulpius. 1609.

Er nahm Al-les wohl in Acht in der letzten Stun - de, sei-ne Mutter noch bedacht, setzt' ihr ein'n Vor - mun-de. O Mensch, mache Richtigkeit, Gott und Menschen

lie - be, stirb da - rauf ohn' al - les Leid, und dich nicht be - trü - be.
34 Str. (Str. 20 des Liedes: Jesu Leiden, Pein und Tod.)

Paul Stockmann, vor 1636.

194. Jesu Leiden, Pein und Tod.

(Cant. 159. Sehet, wir geh'n hinauf gen Jerusalem. B. A. 32, 168.)

Melch. Vulpius. 1609.

1. Je - su Lei - den, Pein und Tod, Je - su tie - fe Wun - den,
33. Je - su, dei - ne Pas - si - on ist mir lau - ter Freu - de,
Cont.
ha - ben Menschen, die nur Koth, heil - sam - lich ver - bun - den.
dei - ne Wun - den, Kron' und Hohn mei - nes Herzens Wei - de;
Men - schen, die nur Koth,
Wun - den, Kron' und Hohn
Men - schen, schafft die Sün - de ab, wir sind Chri - sten wor - den,
mei - ne Seel' auf Ro - sen geht, wenn ich dran ge - den - ke,
sol - len kom - men aus dem Grab in der En - gel Or - den.
in dem Him - mel ei - ne Stätt' mir des - we - gen schen - ke.
34 Str. (Str. 33 des Liedes: Jesu Leiden, Pein und Tod.)

Paul Stockmann, vor 1636.

195. Jesu, meine Freude. (B. A. 39. Nº 105.)

Joh. Crüger. Praxis piet. 1653.

Je - su, mei - ne Freu - de, mei - nes Her - zens Wei - de,
ach wie lang', ach lan - ge ist dem Her - zen ban - ge,
Je - su, mei - ne Zier.
und ver - langt nach dir.
Got - tes Lamm, mein Bräuti - gam, au - sser dir soll
mir auf Er - den nichts sonst lie - bers wer - den.
(6 Str.)

Joh. Franck. 1653.

196. Jesu, meine Freude. (Motette. Jesu, meine Freude. B. A. 39, 61 u. 84.)

Joh. Crüger. 1653.

1. { Je - su, mei - ne Freu - de, mei - nes Her - zens Wei - de,
ach wie lang', ach lan - ge ist dem Her - zen ban - ge
6. { Weicht, ihr Trau - er gei - ster, denn mein Freu - den mei - ster,
De - nen, die Gott lie - ben, muss auch ihr Be - trü - ben

Je - su, mei - ne Zier!
und ver - langt nach dir!
Je - sus, tritt her - ein.
lau - ter Zu - cker sein.
Got - tes Lamm, mein Bräu - ti - gam,
Duld' ich schon hier Spott und Hohn,
au - sser dir soll mir auf Er - den nichts sonst Lie - bers wer - den.
den - noch bleibst du auch im Lei - de, Je - su, mei - ne Freu - de.
(6 Str.)

Joh. Franck. 1653.

197. Jesu, meine Freude.

(Cant. 81. Jesus schläft, was soll ich hoffen? B. A. 20 1, 24.)

Joh. Crüger. 1653.

Un - ter dei - nen Schir - men bin ich vor den Stür - men
Lass den Sa - tan wit - tern, lass den Feind er - bit - tern,
al - ler Fein - de frei.
mir steht Je - sus bei.
Ob es jetzt gleich kracht und blitzt,
ob gleich Sünd' und Höl - le schre - cken: Je - sus will mich de - cken.
6 Str. (Str. 2 des Liedes: Jesu meine Freude.)

Joh. Franck. 1653.

198. Jesu, meine Freude. (Motette. Jesu, meine Freude. B. A. 39, 66.)

Joh. Crüger. 1653.

Sopr. I u. II.
Un - ter dei - nem Schir - men bin ich vor den Stür - men al - ler Feinde frei;
lass den Sa - tan wit - tern, lass den Feind er - bit - tern, mir steht Je - sus bei!
Alt.
Ten.
Bass.
Ob es itzt gleich kracht und blitzt,
Ob es itzt gleich kracht, gleich kracht und blitzt, ob - gleich Sünd' und
Ob es itzt gleich kracht und blitzt, kracht und blitzt, ob - gleich Sünd' und
Ob es itzt gleich kracht und blitzt, ob - - gleich Sünd' und
Höl - le schre - - cken: Je - sus will mich de - - - cken!
6 Str. (Str. 2 d. Liedes: Jesu, meine Freude.)

Joh. Frank. 1653.

199. Jesu, meine Freude. (Motette. Jesu, meine Freude. B. A. 39, 75.)

Joh. Crüger. 1653.

Sopr.
Weg mit al - len Schä - - tzen,
Weg, ihr eit - len Eh - - - - ren,
Alt.
Weg, weg mit al - - len Schä - - - tzen, mit al - len
Weg, weg ihr eit - - len Eh - - - ren, ihr eit - len
Ten.
Weg, weg, weg, weg mit al - len Schä - - - tzen, mit al - len
Weg, weg, weg, weg, ihr eit - len Eh - - - ren, ihr eit - len
Bass.
Weg, weg, weg, weg mit al - len Schä - tzen,
Weg, weg, weg, weg, ihr eit - len Eh - ren,

du bist mein Er - gö - tzen, Je - su, mei - ne Lust!
ich mag euch nicht hö - ren, bleibt mir un - bewusst!
Schätzen, du, du bist mein Er - gö - tzen, Je - su, mei - ne Lust, meine Lust!
Eh - ren, ich, ich mag euch nicht hö - ren, bleibt mir un - be - wusst, un - bewusst!
Schätzen, du, du bist mein Er - gö - tzen, Je - su, mei - ne Lust!
Eh - ren, ich, ich mag euch nicht hö - ren, bleibt mir un - be - wusst!
du, du bist mein Er - gö - tzen, Je - su, Je - su, mei - ne Lust, meine Lust!
ich, ich mag euch nicht hö - ren, bleibt mir, bleibt mir un - be - wusst, un - bewusst!
E - lend, Noth, Kreuz, Schmach und Tod soll mich, ob ich
E - lend, Noth, Kreuz, Schmach und Tod, Schmach und Tod soll mich, ob
E - lend, Noth, Kreuz, Schmach und Tod, Schmach und Tod soll mich, ob ich viel
E - lend, Noth, Kreuz, Schmach und Tod soll mich, ob ich viel muss
viel muss lei - den, nicht von Je - su schei - den.
6 Str. (Str. 4 d. Liedes: Jesu, meine Freude.)
ich viel muss lei - den, nicht, nicht von Je - su schei - den.
muss lei - den, nicht, nicht von Je - su schei - den, von Je - su scheiden.
lei - den, nicht, nicht, nicht, nicht von Je - su schei - den.

Joh. Franck. 1653.

200. Jesu, meine Freude.

(Cant. 64. Sehet, welch' eine Liebe. B. A. 16, 132.)

Joh. Krüger 1653.

Gu - te Nacht, o We - sen, das die Welt er - le - sen! mir ge - fällst du nicht.
Gu - te Nacht, ihr Sün - den, blei - bet weit da - hin - ten, kommt nicht mehr an's Licht!
Gu - te Nacht, du Stolz und Pracht!
dir sei ganz, o La - ster - le - ben, gu - te Nacht ge - ge - ben!
6 Str. (Str. 5 des Liedes: Jesu, meine Freude.)

Joh. Frank 1653.

201. Jesu, meine Freude.

(Cant. 87. Bisher habt ihr nicht gebeten. B. A. 20 I, 152.)

Joh. Crüger 1653.

1. Se - lig ist die See - le, die in ih - rer Höh - le,
Du wirst sie um - ar - men, und mit Trost er - war - men,
9. Muss ich sein be - trü - bet? so mich Je - su lie - bet,
ü - ber Ho - nig sü - sse, tau - send Zu - cker - küs - se,

dich, o Je - su, liebt: du bist ihr Licht, Heil und Zier,
wenn sie ist be - trübt;
ist mir al - ler Schmerz
drü - cket er an's Herz. Wenn die Pein sich stel - let ein,
ih - res Her - zens sü - sse Wei - de, Le - ben Schatz und Freu - de.
sei - ne Lie - be macht zur Freu - den auch das bitt're Lei - den.
9 Str. (Str. 1 u. 9. In der B. A. nur die 9. Str.)

Heinr. Müller 1659.

202. Jesu, meines Herzens Freud'. (B. A. 39 No. 108.)

Melodie von J. R. Ahle.
Joh. Flitner 1661.

Je - su, mei - nes Her - zens Freud', sü - sser Je - su! Mei - ner
See - len Se - lig - keit, sü - sser Je - su! Des Ge - mü - thes
Si - cher - heit, sü - sser Je - su! Je - su, sü - sser Je - su!
(5 Str.)

J. Flitner 1661.

203. Jesu, nun sei gepreiset. (B. A. 39 Nº 109.)

Weihnachtslieder. Wittenberg 1591.

Je - su, nun sei ge - prei - set zu die - sem neu - en Jahr, für
Dass wir ha - ben er - le - bet die neu' fröh - li - che Zeit, die
dein' Güt', uns be - wei - set in al - ler Noth und G'fahr:
vol - ler Gna - den schwe - bet und ew' - ger Se - lig - keit.
Das wir in gu - ter Stil - le das alt' Jahr hab'n er - fül - let. Wir
woll'n uns dir er - ge - ben jetz - und und im - mer - dar: be - hüt' uns
Leib und Le - ben hin fort das gan - ze Jahr! be -
hüt' uns Leib und Le - ben hin - fort das gan - ze Jahr!
(3. Str.)

Joh. Hermann, Senior 1591.

204. Jesu, nun sei gepreiset.

(Cant. 41. Jesu, nun sei gepreiset. B. A. 10, 58
Cant. 171. Gott, wie dein Name. B. A. 35, 32. (in D dur))

Wittenberg 1591.

3 Trompeten
Dein ist al_lein die Eh _ re, dein ist al _ lein der Ruhm;
bis wir fröhlich ab _ schei _ den in's e _ wig' Himmel_reich,
Ob. III.
Pauken
Ob.
Ge _ duld im Kreuz uns leh _ re, re _ gier' all un_ser Thun,
zu wah_rem Fried' und Freu _ de, den Heil'gen Got_tes gleich.
In _ dess mach's mit uns Al _ len nach dei_nem Wohlge _ fal _ len: solch's
sin _ get heut ohn' Scher _ zen die christ_gläu _ bi _ ge Schaar, und
Ob.
wünscht mit Mund und Her _ zen ein se_lig's neu _ es Jahr, und
wünscht mit Mund und Her _ zen ein se_lig's neu_es Jahr.
3 Str. (Str. 3 des Liedes: Jesu, nun sei gepreiset.)

Joh. Hermann, Senior 1591.

205. Jesu, nun sei gepreiset.

Wittenberg. 1591.

(Cant. 190. Singet dem Herrn ein neues Lied. B. A. 37, 257.)

Ob.
3 Ob.
3 Tromp.
u. Pauken
Lass uns das Jahr voll-brin-gen zu Lob dem Na-men dein, dass
wollst uns das Le-ben fri-sten durch dein all-mäch-tig Hand, er-
Cont.
Tromp.
u. Pauken
wir dem-sel-ben sin-gen in der Chri-sten Ge-mein;
halt' dein' lie-ben Chri-sten und un-ser Va-ter-land.
Dein'n Se-gen zu uns wen-de, gieb Fried' an al-lem En-de;

gieb un_ver_fälscht im Lan_de dein se_lig ma_chend Wort,
die Heuchler mach' zu Schan_de hier und an al_lem Ort,
die Heuch_ler mach' zu Schan_de hier und an al_lem Ort.
3 Str. (Str. 2 des Liedes: Jesu, nun sei gepreiset.)

Joh. Hermann, Senior 1591

206. Jesus Christus, unser Heiland. (B. A. 39 No. 110.)

Erfurter Enchiridion 1524.

Je_sus Chri_stus, un_ser Hei_land, der von uns den Got_tes_zorn
wand, durch das bittre Lei_den sein half er uns aus der Höl_len_pein.
(10 Str.)

M. Luther 1524.

207. Jesus Christus, unser Heiland, der den Tod. (B. A. 39 № 111.)

Jos. Klug G. B. 1535.

Je - sus Chri - stus un - ser Hei - land, der
den Tod ü - ber - wand, ist auf - er - stan - den, die
Sünd hat er ge - fan - gen, Ky - rie e - le - i - son.
(8 Str.)

M. Luther 1524.

208. Jesus, meine Zuversicht. (B. A. 39 № 112.)

Joh. Krüger, Prax. piet. 1653.

Je - sus mei - ne Zu - ver - sicht und mein Hei - land ist im Le - ben:
Die - ses weiss ich, soll ich nicht da - rum mich zu - frie - den ge - ben?
Was die lan - ge To - des - nacht mir auch für Ge - dan - ken macht.
(10 Str.)

Luise Henriette, Kurfürstin von Brandenburg ? 1653.

209. Jesus, meine Zuversicht.

(Cant. 145. So du mit deinem Munde bekennest Jesum. B. A. 30, 95.) Joh. Krüger 1653.

Auf, mein Herz! Des Her_ren Tag hat die Nacht der Furcht ver_trie_ben.
Chri_stus, der im Gra_be lag, ist im To_de nicht ge_blie_ben.
Nun_mehr bin ich recht ge_tröst't, Je_su hat die Welt er_löst.
(9 Str.)

Caspar Neumann. Um 1700.

210. Ihr Gestirn', ihr hohlen Lüfte. (B. A. 39 No 113.)

Chr. Peter 1655.

Ihr Ge_stirn', ihr hoh_len Lüf_te, und du, lich_tes Fir_ma_ment;
tie_fes Rund, ihr dunk_len Klüf_te, die der Wie_der_hall zer_trennt.
Jauch_zet fröh_lich, lasst das Sin_gen jetzt bis durch die Wol_ken drin_gen.
(9 Str.)

Joh. Frank 1655.

211. In allen meinen Thaten. (B. A. 39 Nº 114.)

Joh. Quirsfeld 1679.
Gottfried Vopelius G. B. 1682.

In al_len mei_nen Tha _ ten lass' ich den Höch_sten ra _ then, der
Al _ les kann und hat; er muss zu al _ len Din _ gen, solls
an _ ders wohl ge _ lin _ gen, selbst ge _ ben Rath und That.
9 (Orig. 13) Str.

Paul Fleming 1633.

212. In dich hab ich gehoffet, Herr.

(Cant. 52. Falsche Welt, dir trau ich nicht. B. A. 12 II, 50.)

Sethus Calvisius 1594

2 Hörner.
In dich hab ich ge _ hof _ fet, ge_hof _ fet, Herr: hilf, dass ich nicht zu
Schan_den werd, noch e _ wig_lich zu Spot _ te. Das bitt ich dich:

Treu, Herr Got - te!
er_hal_te mich in dei_ner Treu, Herr Got - - te!
(7 Str.)

Adam Reusner 1533.

213. In dich hab' ich gehoffet, Herr.

(Matthäus-Passion. B. A. 4, 151.)

Sethus Calvisius 1581.

Mir hat die Welt trüg_lich ge_
richt't mit Lü_gen und mit fal_schem G'dicht, viel Netz' und
heim_lich Stri - cken. Herr, nimm mein wahr in die_ser
G'fahr, b'hüt' mich vor fal - - schen Tü - cken.
7 Str. (Str. 5 des Liedes: In dich hab' ich gehoffet, Herr.)

Adam Reusner 1533.

214. In dich hab' ich gehoffet, Herr.

(Weihnachts Oratorium. B. A. 5 II, 190.)

Sethus Calvisius 1594.

1. Nun lie_be Seel', nun ist es Zeit, wach' auf, er_wäg' mit Lust und Freud', was Gott an uns ge_wen_det: Sein'n lie_ben Sohn vom Himmels Thron in's Jammer_thal er sen_det.
5. Dein Glanz all' Fin_ster_niss ver_zehrt, die trü_be Nacht in Licht ver_kehrt: Leit' uns auf dei_nen We_gen, dass dein Ge_sicht und herrlich's Licht wir e_wig schau_en mö_gen.
Cont.
5 Str. (Str. 1 u. 5. In der B. A. nur die 5. Str.)

Georg Weissel 1642.

215. In dulci jubilo. (B. A. 39. No. 115.)

Jos. Klug G. B. 1535.

In dul_ci ju_bi_lo sin_get und seid froh, un_sers Her_zens Won_ne liegt in prae_se_pi_o

leuch-tet als die Son - ne ma-tris in pre-mi-o
Al-pha es et O, Al-pha es et O.
(4 Str.)

14. od. 15. Jahrhundert.

216. Ist Gott mein Schild und Helfersmann.

(Cant. 58. Ich bin ein guter Hirt. B. A. 20 I, 118.)

Hundert... Arien. Dresden 1694.

1. Ist Gott mein Schild und Helfersmann, was wird sein, dass mir scha-den kann? Weicht al-le mei-ne Fein-de, die ihr mir li-stig-lich nachsteht, nur eu-rer Schmach ent-ge-gen geht; ich ha-be Gott zum Freun-de, ich ha-be Gott zum Freun-de.
4. Ist Gott mein Schutz und treuer Hirt, kein Unglück mich be-rüh-ren wird; weicht al-le mei-ne Fein-de, die ihr mir stiftet Angst und Pein, es wird zu eu-rem Schaden sein, ich ha-be Gott zum Freun-de, ich ha-be Gott zum Freun-de.
Cont.
7 Str. (Str. 1 u 4. In der B. A. nur die 4. Str.)

Chr. Homburg 1659.

217. Keinen hat Gott verlassen. (B. A. 39. Nº 116.)

Joh. Crüger 1640.

Kei - nen hat Gott ver - las - sen, der ihn ver - traut all - zeit;
ob ihn schon drum viel has - sen, so bringt's ihm doch kein Leid.
Gott will die Sei - nen schü - tzen, zu - letzt er - he - ben hoch, und
ge - ben, was ihn'n nü - tzet, hier zeit - lich und auch dort.
(8 Str.)

Erfurter G. B. 1611.

218. Komm, Gott Schöpfer, heiliger Geist. (B. A. 39. Nº 117.)

Jos. Klug G. B. 1535.

Komm, Gott Schö - pfer, hei - li - ger Geist, be - such' das Herz der Menschen dein, mit
Gna - den sie füll' wie du weisst dass dein Ge - schöpf soll für dir sein.
(7 Str.)

Martin Luther 1524.

219. Komm, Gott Schöpfer, heiliger Geist.

(Cant. Gott der Hoffnung erfülle euch. B. A. 41, 238. Echtheit fraglich.)

J. Klug G. B. 1535.

Hörner.
Komm, Gott Schö_pfer, hei_li_ger Geist, be_such das
Herz der Menschen dein, mit Gna_den sie füll, wie du weisst,
dass dein Ge_schöpf vor_ _hin sein.
(7 Str.)

Martin Luther 1524.

220. Komm, heiliger Geist, Herre Gott.

(Cant. 59. Wer mich liebet. B. A. 12 II, 164.)
(Cant. 175. Er ruft seinen Schafen. B. A. 35, 177.)

Joh. Walther G. B. 1524.

der herr-lich leuch-tet nah' und fern. Drum will ich, die
zu dem Glau-ben ver-sam-melt hast das Volk aus al-
mich an-ders leh-ren, in E-wig-keit. mein Gott nicht hö-
ler Welt Zun-gen; das sei dir. Herr, zu Lob ge-sun-
ren. Al-le-lu-ja, Al-le-lu-ja.
12 Str. (Str. 9 des Liedes: O Gottes Geist, mein Trost und Rath.) J. Rist 1651.
gen. Al-le-lu-ja, Al-le-lu-ja.
(3 Str.) Martin Luther 1524.

221. Komm, heiliger Geist, Herre Gott.

(Motette. Der Geist hilft unsrer Schwachheit auf. B. A. 39, 57.)

Joh. Walther G. B. 1524.

Du hei - li - ge Brunst, sü - sser Trost, nun hilf uns fröh - lich
und getrost in deinem Dienst be - ständig blei - ben, die Trübsal uns nicht
ab - trei - - ben! O Herr, durch dein Kraft uns bereit', und stärk des Fleisches
Blö - digkeit, dass wir hie rit - ter - lich rin - - gen, durch Tod und Le - ben
zu dir drin - - - gen! Al - le - lu - - ja, Al - le - - lu - - ja!
3 Str. (Str. 3 des Liedes: Komm heiliger Geist, Herre Gott.)
tr

Martin Luther 1524.

222. Komm, Jesu komm. (Motette. Komm, Jesu komm. B. A. 39, 125.)

J. S. Bach.

(1. Komm, Je - su komm, mein Leib ist mü - de, die Kraft ver - schwind't je mehr und mehr, ich seh - ne mich nach dei - nem Frie - de, der sau - re Weg wird mir zu schwer. Komm, komm ich will mich dir er - ge - ben, Du bist der rech - te Weg die Wahrheit und das Le - ben, das Le - ben.)
11. Drauf schliess' ich mich in dei - ne Hän - de und sa - ge, Welt, zu gu - ter Nacht! Eilt gleich mein Le - bens - lauf zu En - de, ist doch der Geist wohl an - ge - bracht. Er soll bei sei - nem Schö - pfer schwe - ben, weil Je - sus ist und bleibt der wah - re Weg zum Le - ben.
Je - sus ist und
bleibt der wah - re
11 Str. (Str 1. u. 11. In der B. A. nur die 2. Str.)

Wagner's G. B. Leipzig 1697. B. VIII p. 326
mit den Bemerkungen: Johann. 14 v. 6. In eigner Melodey.

223. Kommt her zu mir, spricht Gottes Sohn.

(Cant. 74. Wer mich liebet, der wird mein Wort halten. B. A. 18, 146.) Einzeldruck 1530.

1. Gott Va - ter, sen - de dei - nen Geist, den uns dein Sohn er - bit - ten heisst, aus dei - nes Him - mels Hö - - hen. Wir bit - ten wie er uns ge - lehrt. Lass uns doch ja nicht un - er - hört von dei - nem Thro - ne ge - - - - - hen.
2. Kein Men - schen - kind hier auf der Erd' ist die - ser ed - len Ga - be werth, bei uns ist kein Ver - die - - - nen; hier gilt gar nichts als Lieb' und Gnad', die Chri - stus uns ver - die - net hat mit Büs - sen und Ver - süh - - - - - nen.
16 Str. (Str. 1 u. 2. In der B. A. nur die 2. Str.)

Paul Gerhardt 1656.

224. Kommt her zu mir, spricht Gottes Sohn.

(Cant. 108. Es ist euch gut, dass ich hingehe. B. A. 23, 230.)

Einzeldruck 1530.

Dein Geist, den Gott vom Himmel giebt, der lei - tet Al - les,
Cont.
was ihn liebt, auf wohl ge - bahn - - - ten We - - -
gen. Er setzt und rich - tet un - sern Fuss, dass er nicht
an - ders tre - ten muss, als wo man find't den Se - - gen.
16 Str. (Str. 10 des Liedes: Gott Vater sende deinen Geist.)

Paul Gerhardt 1656.

225. Kyrie, Gott Vater in Ewigkeit. (B. A. 39, No. 118.)

Dresden 1825.

Ky - - ri - e! Gott Va - ter in E - wig - keit! Gross ist
dein Barm-her - zig - keit, al-ler Ding ein Schöpfer und Re - gie -
rer! E - - le - i - son! Chri - - -
- ste al - ler Welt Trost! uns Sün - der al -
lein du hast er - löst; Je - su Got-tes Sohn! Un - ser

Mitt - ler bist in dem höchsten Thron, zu dir schreien wir aus
Her_zens - be - gier! E - - le - - i - son.
Ky_ri - e! Gott hei - li - ger Geist! Tröst', stärk' uns im Glau_ben
al - ler meist, dass wir am letz - ten End' fröh_lich ab_schei_den aus
die_sem E - - lend! E - - le - i - son!

Wittenberg um 1541.

226. Lass, o Herr, dein Ohr sich neigen. (B. A. 39, No. 119.)

Lyon, Bourgeoys 1547.

Lass, o Herr, dein Ohr sich nei - - gen,
dir mein Wort zu Her - zen stei - - gen,

und stoss' mich nicht von dir hin, weil ich arm und e - lend bin hü - te

mei - ne Seel' und Le - - ben, die ich hei - lig dir er - ge -

ben: reiss' mich, dei - nen Knecht, aus Noth, der auf dich nur hofft, o Gott!
(8 Str.)

Martin Opitz 1637.

227. Liebster Gott, wann werd' ich sterben.

(Cant. 8. Liebster Gott, wann werd' ich sterben. B. A. 1, 241.)

Daniel Vetter vor 1695.

Herrscher ü - ber Tod und Le - - - ben, mach' ein-
leh - re mich den Geist auf - ge - - - ben mit recht
Cont.

1. 2.
mal mein En - - de gut,
wohl-ge - fass - - - tem
Muth. Hilf, dass ich ein
ehr - lich Grab neben frommen Christen hab', und auch end - lich in der
Er - - de nimmermehr zu Schan - - den wer - - de.
5 Str. (Str. 5 des Liedes: Liebster Gott, wann werd' ich sterben.)

Caspar Neumann um 1690.

228. Liebster Jesu, wir sind hier. (B. A. 39, No 120.)

Darmstadt G. B. 1687.

Liebster Je - su, wir sind hier, dich und dein Wort an - zu - hö - - ren;
len - ke Sin - nen und Be - gier auf die sü - ssen Himmels - leh - - ren,
dass die Her - zen von der Er - den ganz zu dir ge - zo - gen wer - - den.
(3 Str.)

Tob. Clausnitzer 1668.

229. Liebster Immanuel, Herzog der Frommen.

(Cant. 123. Liebster Immanuel. B. A. 26, 60.)

A. Fritzsch 1679.

1. Lieb_ster Im _ ma _ nu _ el. Her_zog der From _ men, du mei_ner See _ len Trost, komm, komm nur bald!
Du hast mir, höch ster Schatz! mein Herz ge _ nom _ men, so ganz vor Lie _ be brennt und nach dir wallt.
6. Drum fahrt nur im _ mer hin, ihr Ei _ tel _ kei _ ten! Du, Je _ su, du bist mein und ich bin dein;
ich will mich von der Welt zu dir be _ rei _ ten; du sollt in mei _ nem Herz und Mun _ de sein.
Zum 2. mal piano
Nichts kann auf Er _ den mir lie_ber wer_den, wenn ich, o Je _ su, dich nur stets be _ halt.
Mein gan_zes Le _ ben sei dir er _ ge _ ben, bis man mich ein _ sten legt ins Grab hin _ ein.
6 Str. (Str. 1 u. 6. In der B. A. nur die 2 Str.)

A. Fritzsch 1670.

230. Lobe den Herren, den mächtigen König der Ehren.

(Cant. 137. Lobe den Herren, den mächtigen König. B. A. 28, 196 u. unvollst. Trauungscant. Herr Gott, Beherrscher. B. A. 41, 174.)

Stralsund G. B. 1665.

Trompeten.
Pauken.
1. Lo_be den Her ren, den mäch_ti _ gen Kö_nig der Eh _ ren,
mei_ne ge _ lie _ be _ te See _ le, das ist mein Be _ geh _ ren.
4. Lo_be den Her_ren, der dei_nen Stand sichtbar ge _ seg _ net;
der aus dem Him_mel mit Strömen der Lie_be ge _ reg _ net:
5. Lo_be den Her_ren, was in mir ist, lo_be den Na _ men!
Al_les, was O_dem hat, lo_be mit A_brahams Sa _ men!

Kommt her zu hauf, Psal - ter! und Har - fe wach'
den - ke da - ran, was der All - mäch - ti - ge
Er ist dein Licht; See - le, ver - giss es ja

auf. Las - set die Mu - si - cam hö - ren.
kann, der dir mit Lie - be be - geg - net!
nicht, Lo - ben - de, schlie - sse mit A - men!
5 Str. (Str. 1, 4 u. 5. In der B. A. nur die 4 u. 5 Str.)

Joachim Neander 1679.

231. Lobe den Herren, den mächtigen König der Ehren.

(Cant. 57. Seelig ist der Mann. B. A. 12. II, 132.) Stralsund G. B. 1665.

Die Seele. 1. Hast du denn, Je - su, dein An - ge sicht gänz - lich ver - bor - gen,
dass ich die Stun - de der Näch - te muss war - ten bis mor - gen?
Christus. 6. Rich - te dich, Lieb - ste, nach mei - nem Ge - fal - len und gläu - be,
dass ich dein See - lenfreund im - mer und e - wig ver - blei - be,

Wie hast du doch, Sü - ssester, mö - gen an - noch bringen die trau - ri - gen Sor - gen?
der dich er - götzt, und in den Himmel ver - setzt aus dem ge - mar - ter - ten Lei - be.
12 Str. (Str. 1 u. 6. In der B. A. nur die 6 Str.)

Saubert G. B. Nürnberg 1676.

232. Lobet den Herren, denn er ist sehr freundlich. (B. A. 39, Nº 121.)

A. Scandellus 1588.

Lo - bet den Her - ren, lo - bet den Her - ren, denn er
ist sehr freund - lich, es ist sehr köst - lich, un - sern Gott zu
lo - ben, un - sern Gott zu lo - ben, sein Lob ist
schön und lieb - lich an - zu - hö - ren. Lo -
bet den Her - ren, lo - bet den Her - ren!
(7 Str.)

233. Lobt Gott, ihr Christen allzugleich. (B. A. 39, № 122.)

Nic. Herman 1560. (1554)

Lobt Gott, ihr Chri_sten all_zu_gleich, in sei_nem höch_sten
Thron; der heut' auf_schleusst sein Him_mel_reich und
schenkt uns sei_nen Sohn, und schenkt uns sei_nen Sohn.
(8 Str.)

Nic. Herman 1560.

234. Lobt Gott, ihr Christen allzugleich. (B. A. 39, № 123.)

Nic. Herman 1560. (1564)

Lobt Gott, ihr Christen all_zu_gleich. in sei_nem höchsten Thron, der heut' auf
schleusst sein Himmelreich und schenkt uns sei_nen Sohn, und schenkt uns seinen Sohn.
(8 Str.)

Nic. Herman 1560.

235. Lobt Gott, ihr Christen allzugleich.

(Cant. 151. Süsser Trost, mein Jesus kommt. B. A. 32, 16.)

Nic. Herman 1560. (1554)

Heut' schleusst er wieder auf die Thür zum schönen Pa_ra_deis der Cherub steht nicht
Cont.
mehr da_für, Gott sei Lob, Ehr' und Preis, Gott sei Lob, Ehr' und Preis.
(Str. 8 des Liedes: Lobt Gott, ihr Christen.)

Nic. Herman 1560.

236. Lobt Gott, ihr Christen allzugleich.

(Trauungs-Cantate: Dem Gerechten muss das Licht. B. A. 13. I, 70.)

Nic. Herman 1560. (1554)

Trompeten.
Pauken.
Nun dan_ket All und brin - get Ehr, ihr
Cont.
Men_schen in der Welt, dem, des_sen Lob der En_gel Heer im

Him_mel stets ver_meldt. im Him_mel stets ver_meldt.
(9 Str.)

P. Gerhardt 1648.

237. Mach's mit mir, Gott, nach deiner Güt'. (B. A. 39, № 124.)

J. H. Schein 1628.

Mach's mit mir, Gott, nach dei_ner Güt', hilf mir in meinem Lei_den,
was ich dich bitt', ver_sag' mir nicht, wenn mei_ne Seel' will schei_den:
so nimm sie, Herr, in dei_ne Händ', ist Al_les gut, wenn gut das End'.
(5 Str.)

238. Mach's mit mir, Gott, nach deiner Güt'.

J. H. Schein 1628.

(Cant. 139. Wohl dem, der sich auf seinen Gott. B. A. 28, 248.)

J. H. Schein 1628.

1. Wohl dem, der sich auf sei_nen Gott recht kindlich kann ver_las_sen!
Den mag gleich Sün_de, Welt und Tod und al_le Teu_fel has_sen,
5. Da_he_ro Trotz der Höl_len Heer! Trotz auch des To_des Ra_chen!
Trotz al_ler Welt! mich kann nicht mehr ihr Po_chen trau_rig ma_chen.
so bleibt er den_noch wohl ver_gnügt, wenn er nur Gott zum Freun_de kriegt.
Gott ist mein Schutz, mein' Hülf' und Rath: wohl dem, der Gott zum Freun_de hat!
5 Str. (Str. 1 u. 5)

Joh. Chritoph Ruben 1692.

239. Mach's mit mir, Gott, nach deiner Güt'.

(Johannes-Passion B. A. 12 1, 74.) J. H. Schein 1628.

Durch dein Gefängniss, Got_tes Sohn, ist uns die Frei_heit kom_men,
Dein Ker_ker ist der Gna_den thron, die Frei-statt al_ler From_men:
Cont.
denn gingst du nicht die Knechtschaft ein, müsst' un_sre Knechtschaft e_wig sein.

240. Mein' Augen schliess' ich jetzt. (B. A. 39, Nº 125.)

Apelles von Löwenstern 1644.

Mein' Au_gen schliess' ich jetzt in Got_tes Na_men zu, die_
weil der mü_de Leib be_geh_ret sei_ne Ruh', weiss
a_ber nicht, ob ich den Mor_gen möcht' er_le_ben; es
könn_te mich der Tod viel_leicht noch heut' um_ge_ben.
(6 Str.)

Apelles von Löwenstern 1644.

241. Meinen Jesum lass' ich nicht, Jesus. (B. A. 39, № 126.)

Lüneburger G. B. 1686.

Mei_nen Je_sum lass' ich nicht, Je_sus wird mich auch nicht las - sen.
Je_su hab' ich mich verpflicht't, ich will ihn in's Her_ze fas - sen.
Weiss ge_wiss und glau_be fest, dass mich Je - sus auch nicht lässt.

Breslau um 1690.

242. Meinen Jesum lass' ich nicht. (B. A. 39, № 127.)

Andr. Hammerschmidt 1658.

Mei_nen Je_sum lass' ich nicht, weil er sich für mich ge_ge -
ben: so er - for_dert mei_ne Pflicht, klet_ten - weis an ihm zu kle - ben
Er ist mei_nes Le - bens Licht, mei - nen Je - sum lass' ich nicht.
(6 Str.)

Christian Keymann 1658.

243. Meinen Jesum lass' ich nicht.

(Cant. 70. Wachet betet seid bereit. B. A. 16, 368.)

A. Hammerschmidt. 1658.

Viol. I. II.
Viola.
Nicht nach Welt, nach Himmel nicht mei-ne See-le wünscht und seh-
net, Je-sum wünsch' ich und sein Licht, der mich hat mit Gott ver-söh-net,
der mich frei-macht vom Ge-richt, mei-nen Je-sum lass' ich nicht.
6 Str. (Str. 5 des Liedes: Meinen Jesum lass' ich nicht.)

Christian Keymann. 1658.

244. Meinen Jesum lass' ich nicht.

(Cant. 154. Mein liebster Jesus ist verloren. B. A. 32, 82.)

A. Hammerschmidt. 1658.

Mei-nen Je-sum lass' ich nicht, geh' ihm e-wig an der Sei-
Cont.
ten; Christus lässt mich für und für zu dem Le-bensbächlein lei-ten.
Se-lig, der mit mir so spricht: Mei-nen Je-sum lass' ich nicht!
6 Str. (Str. 6 des Liedes: Meinen Jesum lass' ich nicht.)

Christian Keymann. 1658.

245. Meinen Jesum lass' ich nicht.

(Cant. 157. Ich lasse dich nicht, du segnest mich denn. B. A. 32, 140.)

A. Hammerschmidt. 1658.

Je-sum lass' ich nicht von mir, geh' ihm e-wig an der Sei-
ten; Christus lässt mich für und für zu dem Le-bensbäch-lein lei-ten.
Se-lig, wer mit mir so spricht: Mei-nen Je-sum lass' ich nicht!
6 Str. (Str. 6 des Liedes: Meinen Jesum lass' ich nicht.)

Christian Keymann. 1658.

246. Meinen Jesum lass' ich nicht.

(Cant. 124. Meinen Jesum lass' ich nicht. B. A. 26, 82.) A. Hammerschmidt. 1658.

Je - sum lass' ich nicht von mir, geh' ihm e - wig
Cont.
an der Sei - ten; Chri - stus lässt mich für und
für zu dem Le - bens - bäch - lein lei - ten.
Se - lig, wer mit mir so spricht: mei - nen Je - sum lass' ich nicht.
6 Str. (Str. 6 des Liedes: Meinen Jesum lass' ich nicht.)

Christian Keymann. 1658.

247. Meinen Jesum lass' ich nicht.

(Schlusschoral der Matthäus-Passion in deren ursprünglicher Gestalt. B. A. 41, 201.) A. Hammerschmidt. 1658.

Je - sum lass' ich nicht von mir, geh' ihm e - wig an der Sei -

ten; Christus lässt mich für und für zu dem Le_bensbächlein lei_ _ten.
Cont.
Se_lig, wer mit mir so spricht: Mei_nen Je_sum lass' ich nicht.
6 Str. (Str. 6 des Liedes: Meinen Jesum lass' ich nicht.)

Christian Keymann. 1658.

Meine Seele erhebt den Herren siehe **Nº 121.**

248. Meines Lebens letzte Zeit. (B. A. 39, Nº 128.)

Psalmodia sacra. Gotha 1726.

Meines Le_bens letz_te Zeit ist nun-meh_ro an_ge_kommen, da der schnöden
Ei_tel_keit mei_ne See_le wird ent_nommen; wer kann wi_der_stre_ben, dass uns
Menschen Gott das Le_ben auf ein zeit_lich' Wie_der_neh_men hat ge_ge_ben.
(7 Str.)

249. Mit Fried' und Freud' ich fahr' dahin.

(B. A. 39, Nº 129.) J. Walter. G. B. 1524.

Mit Fried' und Freud' ich fahr' da - hin in Got - tes Wil - le, ge -
trost ist mir mein Herz und Sinn, sanft und stil - le. Wie Gott
mir ver - hei - ssen hat, der Tod ist mein Schlaf wor - - den.
Schlaf wor - - den.
(4 Str.)
mein Schlaf wor - den.

M. Luther. 1524.

250. Mit Fried' und Freud' ich fahr' dahin.

(Cant. 83. Erfreute Zeit im neuen Bunde. B. A. 20. I, 76.) J. Walter. G. B. 1524.

Er ist das Heil und se - lig' Licht für die Hei - den, zu er -

leuch-ten, die dich ken- - -nen nicht, und zu wei- - -den.
Er ist dein's Volks I-sra-el der Preis, Ehr', Freud' und Won- -ne.
4 Str. (Str. 4 des Liedes: Mit Fried' und Freud'.)

M. Luther. 1524.

251. Mit Fried' und Freud' ich fahr' dahin.

(Cant. 125: Mit Fried' und Freud'. B. A. 26, 110.) J. Walter. G. B. 1524.

Er ist das Heil und se-lig' Licht für die Hei-
den, zu er-leuch-ten, die dich ken- -nen nicht, und zu wei- -den.
Er ist dein's Volks I-sra-el der Preis, Ehr', Freud' und Won- -ne.
4 Str. (Str. 4 des Liedes: Mit Fried' und Freud'.)

M. Luther. 1524.

252. Mitten wir im Leben sind. (B. A. 39, №. 130.)

J. Walter. G. B. 1524.

Mit_ten wir im Le_ben sind mit dem Tod um_fan_ _ gen;
wen such'n wir, der Hül_fe thu', dass wir Gnad' er_lan_ _ gen?
Das bist du. Herr, al_lei_ _ ne. Uns reu_et uns'_re
Mis_se_that, die dich, Herr, er_zür_net hat. Hei_
li_ger Her_re Gott, hei_li_ger, star_ker Gott, hei_li_ger, barm_herz'ger
Hei_ _ land, du e_ _wi_ger Gott, lass uns nicht ver_sin_ _
ken in der bit_tern To_des_noth. Ky_rie e_lei_ _ son!
(3 Str.)

M. Luther. 1524.

253. Nicht so traurig, nicht so sehr. (B. A. 39, № 131.)

Joh. Sebastian Bach.

Nicht so trau_rig, nicht so sehr, mei_ne See_le, sei be_trübt,
dass dir Gott Glück, Gut und Ehr' nicht so viel, wie An_dern gibt;
nimm für_lieb mit dei_nem Gott; hast du Gott, so hat's nicht Noth.
(15 Str.)

P. Gerhardt. 1649.

254. Nun bitten wir den heiligen Geist. (B. A. 39, № 132.)

Joh. Walther. G. B. 1524.

Nun bit_ten wir den hei_ _li_gen Geist um den rechten
Glau_ben al_ler_meist, dass er uns be_hü_ _te an un_serm En_
de, wenn wir heimfahr'n aus die_sem E_len_ _de. Ky_ri_e e_leis'.
(4 Str.)

M. Luther. 1524.

255. Nun bitten wir den heiligen Geist.

(Trauungscant. Gott ist unsre Zuversicht. B. A. 13. I, 128.)

Joh. Walther. G. B. 1524.

Du sü_sse Lieb', schenk'_ uns dei_ne Gunst, lass uns em_pfin_

den der Lie_be Brunst, dass wir uns von Her_zen ein_an_der lie_ben,

und in Fried' auf ei_nem Sin_ne blei_ben. Ky_ri_e_ e_leis'!
4 Str. (Str. 3 des Liedes: Nun bitten wir den heiligen Geist.)

M. Luther. 1524.

256. Nun bitten wir den heiligen Geist.

(Cant. 169. Gott soll allein mein Herze haben. B. A. 33, 192.)

Joh. Walther. G. B. 1524.

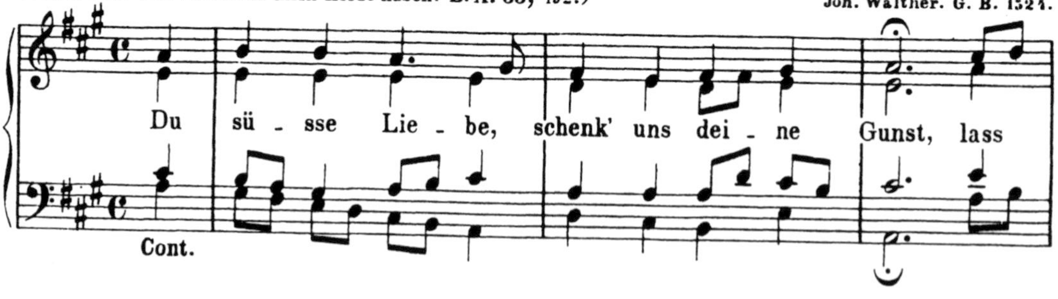
Du sü_sse Lie_be, schenk' uns dei_ne Gunst, lass
Cont.

uns em_pfin_den der Lie_be Brunst, dass wir uns von Her_

M. Luther. 1524.

257. Nun danket alle Gott. (B. A. 39, Nº 133.)

Joh. Crüger. 1648.

Martin Rinckart. 1648.

258. Nun danket alle Gott. (Trauungschoral. B. A. 13 I, 149.)

Joh. Crüger 1648.

Nun dan_ket al _ le Gott mit Her_zen, Mund und Hän _ den;
der gro_sse Din_ge thut an uns und al _ len En _ den;

der uns von Mut _ ter _ leib und Kin_des_bei _ nen an un _

zäh _ lig viel zu gut. und noch jetz _ und. ge _ than.
(3 Str.)

Martin Rinckart 1648.

259. Nun danket alle Gott. (Cant. 79. Gott, der Herr, ist Sonn und Schild. B. A. 18, 308.)

Joh. Crüger 1648.

Nun dan_ket al _ le Gott
gro_sse Din_ge thut

mit Her - zen, Mund und Hän - den,
an uns und al - len En - - den;
1.
2.
der
der uns von
Mut - ter - leib

und Kin - des - bei - nen an
un - zäh - lig viel zu gut,
und noch jetz - und ge - than.
(3 Str.)

Mart. Rinckart 1648.

260. Nun freut euch, Gottes Kinder all. (B. A. 39. No. 134.)

Einzeldruck, 1546.

Nun freut euch, Gottes Kin_der all, der Herr fährt auf mit grossem Schall, lob_
sin_get ihm, lob_sin_get ihm, lob_sin_get ihm mit hel_ler Stimm'!
(16 Str., ursprüngl. 29.)

Erasmus Alberus 1549.

261. Nun freut euch, lieben Christen g'mein. (B. A. 39. No. 135.)

Wittenberg 1524.

Nun freut euch, lie_ben Christen g'mein, und lasst uns fröhlich springen,
dass wir ge_trost und all in Ein mit Lust und Lie_be sin_gen:
was Gott an uns ge_wen_det hat, und sei_ne sü_sse
Wun_der_that; gar theur' hat ers er_wor_ben.
(10 Str.)

M. Luther 1523.

262. Nun freut euch, lieben Christen g'mein. (B. A. 39. No 54.)

Jos. Klug G. B. 1535
Cassel G. B. 1601.

Es ist ge _ wisslich an der Zeit, dass Got_tes Sohn wird kom _ men
in sei_ner gro_ssen Herrlichkeit, zu rich_ten Bös' und From_men.
Dann wird das La _ chen wer_den theur, wann Al _ les soll ver _
gehn im Feu'r, wie Pe _ trus da _ von zeu _ _ get.
(7 Str.)

Barth. Ringwald 1582.

263. Nun freut euch, lieben Christen g'mein.

(Weihnachts-Oratorium. B. A. 5 II, 245.)

Jos. Klug G. B. 1535.
Cassel G. B. 1601.

Ich steh an dei _ ner Krippen hier, o Je_su _ lein, mein Le _ ben,
ich komme, bring und schenke dir, was du mir hast ge _ ge _ ben.
Cont.
Nimm hin, es ist mein Geist und Sinn, Herz, Seel und Muth, nimm

Al - les hin, und lass dir's wohl - ge - - fal - - len!
(15 Str.)

P. Gerhardt, 1656.

264. Nun komm, der Heiden Heiland.

(Cant. 36. Schwingt freudig euch empor. B. A. 7, 258.)

Erfurt, 1524.

1. Nun komm, der Hei - den Hei - land, der Jung - frau - en Kind er - kannt,
8. Lob sei Gott, dem Va - ter, g'than, Lob sei Gott, sein'm ein' - gen Sohn,

des sich wun - dert al - le Welt, Gott solch' Ge - burt ihm be - stellt.
Lob sei Gott, dem heil - gen Geist, im - mer und in E - wig - keit.
8 Str. (Str. 1 u. 8 des Liedes: Nun komm, der Heiden Heiland. In der B. A. nur die 8. Str.)

M. Luther 1524.

265. Nun komm, der Heiden Heiland.

(Cant. 62. Nun komm, der Heiden Heiland. B. A. 16, 50.)

Erfurt, 1524.

Lob sei Gott, dem Va - ter, g'than, Lob sei Gott, sein m ein' - gen Sohn,
Cont.

Lob sei Gott, dem heil' - gen Geist, im - mer und in E - wig - keit.
8 Str. (Str. 8 des Liedes: Nun komm, der Heiden Heiland.)

266. Nun lasst uns Gott, dem Herren.

(Cant. 165. O heil'ges Geist- und Wasserbad. B. A. 33, 104.)

Nic. Selneccer 1587.

1. Nun lasst uns Gott, dem Her - ren, Dank sa - gen und ihn eh - ren, von
5. Sein Wort, sein' Tau - fe, sein Nachtmahl dient wi - der al - len Un - fall. Der
we - gen sei - ner Ga - - ben, die wir em - pfan - gen ha - - ben.
hei - lig' Geist im Glau - ben lehrt uns da - rauf ver - trau - - en.
* Str. (Str. 1 u. 5 des Liedes: Nun lasst uns Gott, dem Herren. In der B. A. nur die 5. Str.)

Ludw. Helmbold 1575.

267. Nun lasst uns Gott, dem Herren.

(Cant. 79. Gott, der Herr, ist Sonn und Schild. B. A. 18, 316.)

Nic. Selneccer 1587.

Hörner.
Pauken.
Er - halt uns in der Wahr - heit, gieb e - wig - li - che Frei -
heit, zu prei - sen dei - nen Na - men durch Je - sum Christum. A - men.
* Str. (Str. 8 des Liedes: Nun lasst uns Gott, dem Herren.)

Ludw. Helmbold 1575.

268. Nun lasst uns Gott, dem Herren.

(Cant. Höchsterwünschtes Freudenfest. B. A. 29. 138.)

Nic. Selneccer. 1587.

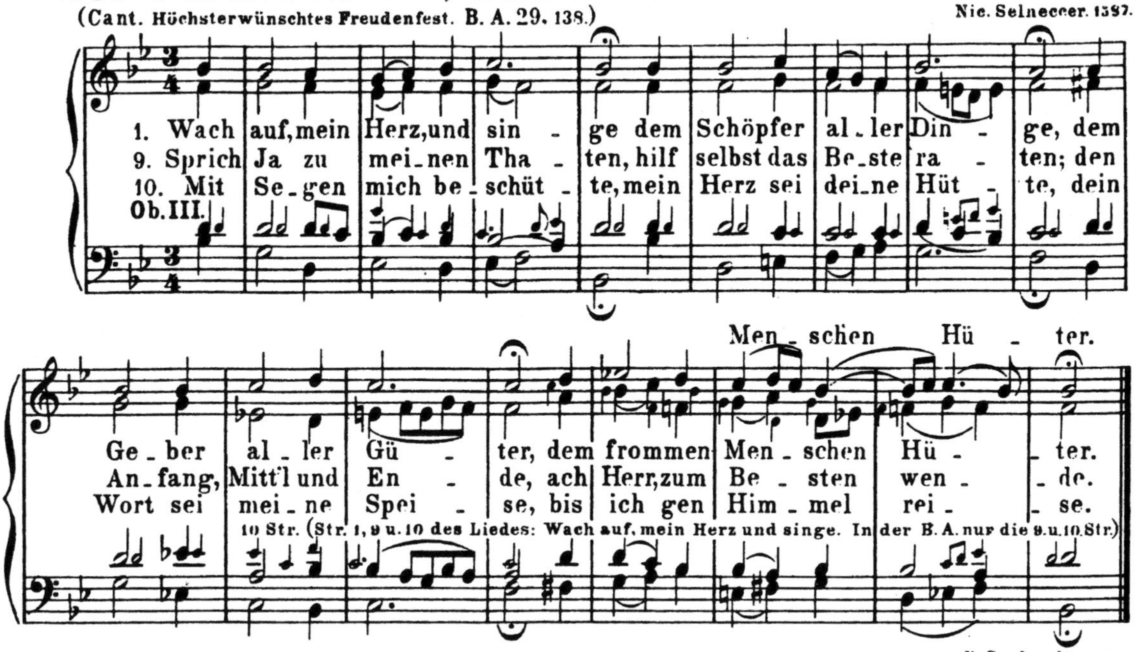
1. Wach auf, mein Herz, und sin - ge dem Schöpfer al - ler Din - ge, dem Ge - ber al - ler Gü - ter, dem frommen Men - schen Hü - ter.
9. Sprich Ja zu mei - nen Tha - ten, hilf selbst das Be - ste ra - ten; den An - fang, Mitt'l und En - de, ach Herr, zum Be - sten wen - de.
10. Mit Se - gen mich be - schüt - te, mein Herz sei dei - ne Hüt - te, dein Wort sei mei - ne Spei - se, bis ich gen Him - mel rei - se.
Ob. III.
Men - schen Hü - ter.
10 Str. (Str. 1, 9 u. 10 des Liedes: Wach auf, mein Herz und singe. In der B. A. nur die 9. u. 10. Str.)

P. Gerhardt 1648.

269. Nun lob', mein' Seel', den Herren. (B. A. 39. № 136.)

Joh. Kugelmann 1540.

Nun lob', mein' Seel', den Her - ren, was in mir ist, den Na - men sein,
sein' Wohl - that thut er meh - ren, ver - giss es nicht, o Her - ze mein,
hat dir dein Sünd ver - ge - ben und heilt dein' Schwachheit gross, er - rett dein armes Le - ben, nimmt dich in sei - nen Schooss mit reichem Trost be - schüt - tet, ver - jüngt dem Ad - ler gleich, der Köng schafft recht, be - hü - tet, die leid'n in sei - nem Reich.
(4 Str.)

Joh. Gramann (Poliander) 1540.

270. Nun lob', mein' Seel', den Herren. (B. A. 39 Nº 137.)

Joh. Kugelmann 1540.

Nun lob, mein' Seel', den Her- ren, was in mir ist, den Na-men sein,
sein' Wohlthat thut er meh- ren, ver- giss es nicht, o Herze mein,

hat dir dein' Sünd' ver- ge- ben und heilt dein' Schwachheit

gross, er- rett' dein ar- me Le- ben, nimmt dich in sei- nen

Schooss, mit rei- chem Trost be- schüt- tet, ver- jüngt dem Ad- ler

gleich, der Kön'g schafft recht, be- hü- tet, die leid'n in sei-nem Reich.

(4 Str.)

Joh. Gramann (Poliander) 1540.

271. Nun lob', mein' Seel', den Herren.

(Cant. 17. Wer Dank opfert, der preiset mich. B. A. 2, 225.) Joh. Kugelmann 1540.

Wie sich ein Vat'r er - bar - met üb'r sei - ne jun - ge Kindlein klein:
So thut der Herr uns Ar - men, so wir ihn kind - lich fürchten rein.
Er kennt das arm' Ge - mäch - te, er weiss, wir sind nur
Staub. Gleich wie das Gras vom Re - che, ein' Blum' und fal - lend
Laub der Wind nur drü - ber we - het, so ist es nimmer da: al-
so der Mensch ver - ge - het, sein End', das ist ihm nah.
4 Str. (Str. 3 des Liedes: Nun lob', mein' Seel', den Herren.)

Joh. Gramann (Poliander) 1540.

272. Nun lob', mein' Seel', den Herren.

(Cant. 29. Wir danken dir, Gott, wir danken dir. B. A. 5 I, 316.) Joh. Kugelmann 1540.

3 Trompeten.
Pauken.
Cont.
Sei Lob und Preis mit Eh - ren, Gott Va-ter, Sohn, hei-li-gem Geist!
Der woll' in uns ver-meh - ren, was er uns aus Gnaden ver-heisst,
dass wir ihm fest ver - trau - en, gänz - lich ver - lass'n
ver -
las - sen auf ihn, von Her - zen auf ihn bau - - -
en, dass un - ser Herz, Muth und Sinn ihm tröst - lich soll'n an -
(uns'r)
han - gen; drauf sin - gen wir zur Stund': A - men wir

wer - den's er - lan - gen,
wer-den's er - lan - gen, glaub'n wir aus Her - zens Grund.
(glau - ben)

Als 5. Str. dem Liede: Nun lob', mein' Seel', den Herren, im Nürnberger G. B. 1601 angefügt. Schon Mitte des 16 Jahrh. bekannt.

273. Nun preiset alle Gottes Barmherzigkeit. (B. A. 39 № 138.)

M. Apelles v. Löwenstern 1644.

Nun prei-set al - le Got-tes Barm-her - zig - keit, lob' ihn mit
Schal-le, du wer-the Chri - sten - heit! Er lässt dich freund - lich
zu sich la - den. freu-e dich, I - sra - el, sei-ner Gna - den.
(5 Str.)

M. A. v. Löwenstern 1644.

274. Nun sich der Tag geendet hat. (B. A. 39 № 143.)

Adam Krieger 1667.
Darmstadt G. B. 1698.

Nun sich der Tag ge - en - det hat, und kei_ne Sonn' mehr scheint, schläft

Al - les, was sich ab - ge - matt', und was zu - vor ge - weint.
(10 Str.)

Joh. Friedr. Herzog 1670.

275. O Ewigkeit, du Donnerwort. (B. A. 39 № 144.)

Joh. Schop 1642.

1. O E - wig - keit, du Don - ner - wort! O
O E - wig - keit, Zeit oh - ne Zeit! Ich
16. O E - wig - keit, du Don - ner - wort! O
O E - wig - keit, Zeit oh - ne Zeit! Ich

Schwert, das durch die See - le bohrt! O An_fang son_der En - de!
weiss vor gro - sser Trau_rig_keit nicht, wo ich mich hin - wen - de.
Schwert, das durch die See - le bohrt! O An_fang son_der En - de!
weiss vor gro - sser Trau_rig_keit nicht, wo ich mich hin - wen - de.

Mein ganz erschrocknes Herz erbebt, dass mir die Zung' am Gaumen klebt.
Nimm du mich, wenn es dir gefällt, Herr Jesu, in dein Freudenzelt.

16 Str. (Str. 1 u. 16 des Liedes: O Ewigkeit, du Donnerwort. In der B. A. nur die 16. Str.)

Joh. Rist 1644.

276. O Ewigkeit, du Donnerwort.

(Cant. 20. O Ewigkeit, du Donnerwort. B. A. 2, 317 u. 327.)

Joh. Schop 1642.

11. So lang ein Gott im Himmel lebt, und über alle
Es wird sie plagen Kält' und Hitz', Angst, Hunger, Schrecken,
16. O Ewigkeit, du Donnerwort! O Schwert das durch die
O Ewigkeit, Zeit ohne Zeit! Ich weiss vor grosser

Wolken schwebt, wird solche Marter währen:
Feu'r und Blitz und sie doch nie verzehren.
Seele bohrt! O Anfang sonder Ende!
Traurigkeit nicht, wo ich mich hinwende.

Denn wird sich enden diese Pein, wenn Gott nicht mehr wird ewig sein.
Nimm du mich, wenn es dir gefällt, Herr Jesu, in dein Freudenzelt!

16 Str. (Str. 11 u. 16 des Liedes: O Ewigkeit, du Donnerwort.)

Joh. Rist 1644.

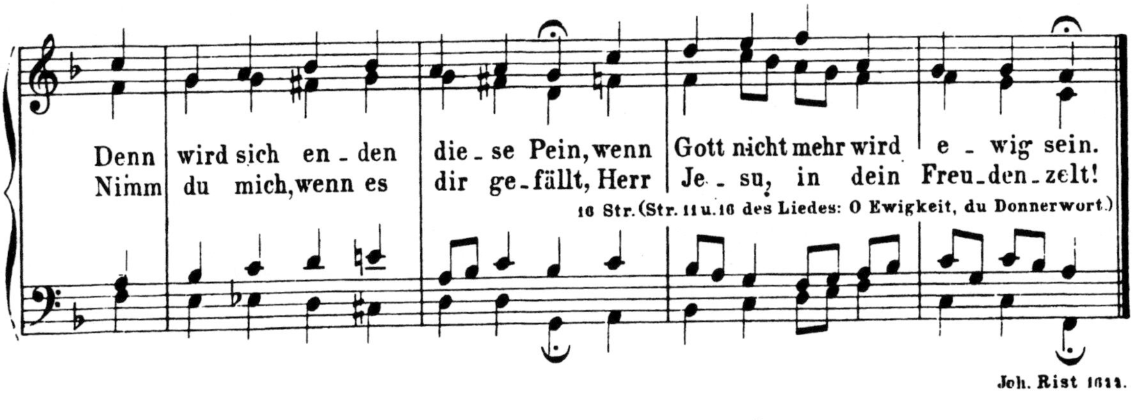

277. O Gott, du frommer Gott. (B. A. 39 Nº 145.)

(Unvollst. Cant. Ehre sei Gott in der Höhe B. A. 41, 114.)

A. Fritzsch 1679.
Darmstadt G. B. 1698.

O Gott, du frommer Gott, du Brunnquell al - ler Ga - ben, ohn'
Ich freu - e mich in dir, und hei - sse dich will - kom - men, mein
Wohl - an so will ich mich an dich, o Je - su hal - ten, und
den Nichts ist was ist, von dem wir Al - les ha - ben, ge -
lieb - stes Je - su - lein; du hast dir vor - ge - nom - men mein
soll - te gleich die Welt in tau - send Stü - cke spal - ten. O
sun - den Leib gib mir, und dass in sol - chem Leib ein'
Brü - der - lein zu sein: Ach wie ein sü - sser Ton! wie
Je - su, dir, nur dir, dir leb ich ganz al - lein, auf
un - ver - letz - te Seel' und rein Ge - wis - sen bleib'.
8 Str. Joh. Heermann 1630.
freund - lich sieht er aus, der hol - de Got - tes - sohn!
dich, al - lein auf dich, mein Je - su, schlaf ich ein.
4 Str. (Str. 1 u. 4 des Liedes: Ich freue mich in dir. In der B. A. (41, 114) nur die 2. Str.)

Caspar Ziegler 1648.

278. O Gott, du frommer Gott.

(Cant. 45. Es ist dir gesagt, Mensch, was gut ist. B. A. 10, 186.)

A. Fritzsch 1679.
Darmstadt G. B. 1698.

Gieb, dass ich thu' mit Fleiss, was mir zu thun ge-
Cont.
büh - ret, wo - zu mich dein Be - fehl in mei - nem Stan - de
füh - ret. Gieb, dass ich's thu - e bald, zu der Zeit, da ich
soll; und wenn ich's thu, so gieb, dass es ge - ra - the wohl.
8 Str. (Str. 2 des Liedes: O Gott, du frommer Gott.)

Joh. Heermann 1630.

279. O Gott, du frommer Gott.

(Cant. 128. Auf Christi Himmelfahrt allein. B. A. 26, 184.)

A. Fritzsch 1679.
Darmstadt G. B. 1698.

Hörner.
1. O Je - su, mei - ne Lust, o Le - ben mei - ner See - len, wenn rufst du mich her - vor aus die - ser Trau - er - höh - len? Wenn werd' ich einst be - freit, dich, lieb - ster Je - su, sehn, und zu dir in dein Reich mit vol - lem Sprin - gen gehn?
4. Alsdann so wirst du mich zu dei - ner Rech - ten stel - len, und mir, als dei - nem Kind, ein gnä - dig Ur - theil fäl - len, mich brin - gen zu der Lust, wo dei - ne Herr - lich - keit ich wer - de schau - en an in al - le E - wig - keit.
6 Str. (Str. 1 u. 4 des Liedes: O Jesu meine Lust. In der B. A. nur die 4. Str.)

Matthäus Habermann. 1673.

280. O Gott, du frommer Gott.

(Cant. 64. Sehet, welch' eine Liebe. B. A. 16, 120.)

A. Fritzsch 1679.
Darmstadt G. B. 1698.

Was frag' ich nach der Welt und al_len ih_ren
Cont. u. Org.
Schätzen, wenn ich mich nur an dir, mein Je_su, kann er-
göt_zen? Dich hab' ich ein_zig mir zur Wol_lust vor_ge_
stellt: Du, du bist mei_ne, Lust; was frag' ich nach der Welt!
(8 Str.)

Georg Michael Pfefferkorn 1667.

281. O Gott, du frommer Gott.

Cant. 64. Sehet, welch' eine Liebe. B. A. 16, 372.
Cant. 94. Was frag' ich nach der Welt. B. A. 22, 127.

A. Fritzsch 1679.
Darmstadt G. B. 1698.

1. Was frag' ich nach der Welt, und al - len ih - ren Schä - tzen, wenn ich mich nur an dir, mein Je - su, kann er - gö - tzen? Dich hab' ich ein - zig mir zur Wol - lust vor - ge - stellt: Du, du bist mei - ne Lust: was frag' ich nach der Welt!
7. Was frag' ich nach der Welt, im Hui muss sie ver - schwin - den, ihr An - sehn kann durch - aus den blas - sen Tod nicht bin - den. Die Gü - ter müs - sen fort, und al - le Lust ver - fällt; bleibt Je - sus nur bei mir: was frag' ich nach der Welt!
8. Was frag' ich nach der Welt, mein Je - sus ist mein Le - ben, mein Schatz, mein Ei - gen - thum, dem ich mich ganz er - ge - ben, mein gan - zes Him - mel - reich und was mir sonst ge - fällt. Drum sag ich noch ein - mal: was frag' ich nach der Welt!
Cont.
Cant. 64:
8 Str. (Str. 1 7 u. 8 des Liedes: Was frag' ich nach der Welt.)

282. O Gott, du frommer Gott. (B. A. 39 No 146.)

G. Mich. Pfefferkorn 1667.
Meiningen G. B. 1693.

O Gott, du from - mer Gott, du Brunnquell al - ler Ga - ben,
ohn' den nichts ist, was ist, von dem wir al - les ha - ben,

ge - sun - den Leib gib mir, und dass in sol - chem
Leib ein' un - ver - letz - te Seel' und rein Ge - wis - sen bleib.
(8 Str.)

Joh. Heermann 1630.

283. O Herre Gott, dein göttlich Wort.

(Cant. 184. Erwünschtes Freudenlicht. B. A. 37, 95.)

Erfurt 1527.
Jos. Klug G. B. 1535.

O Her-re Gott, dein göttlich Wort ist lang ver-dunkelt blie - ben,
bis durch dein Gnad' uns ist ge-sagt, was Pau-lus hat ge-schrie - ben,
Herr, ich hoff' je, du werdest die in kei-ner Noth ver-las - sen,
die dein Wort recht als treu-e Knecht' im Herz'n und Glauben fas - sen;
Cont.
und an-de-re A - po-stel mehr, aus dein'm gött-li - chen Mun - de: Dass
giebst ihn'n be-reit die Se-lig-keit und läss'st sie nicht ver - der - ben. O
dank'n wir dir mit Fleiss, dass wir er - le - bet hab'n die Stun - de.
Herr, durch dich bitt' ich, lass mich fröh - lich und se - lig ster - ben.
8 Str. (In der B. A. nur die 8. Str.)

Erfurt G. B. 1527.

284. O Herzensangst, o Bangigkeit und Zagen.

(B. A. 39. No. 147.) Wahrscheinlich von J. S. Bach.

O Her-zens-angst, o Ban - gig - keit und Za-gen! Was seh' ich
Bangig-keit
hier für ei - ne Lei - che tra - - gen! Wess ist das Grab, wie
ist der Fels zu nen - nen? Ich soll ihn ken - - - nen.
(9 Str.)

Fr. D. Gerh. Müller von Königsberg.

285. O Lamm Gottes, unschuldig. (B. A. 39. No. 148.)

Nic. Decius 1531.
Joh. Spangenberg. G. B. 1545.

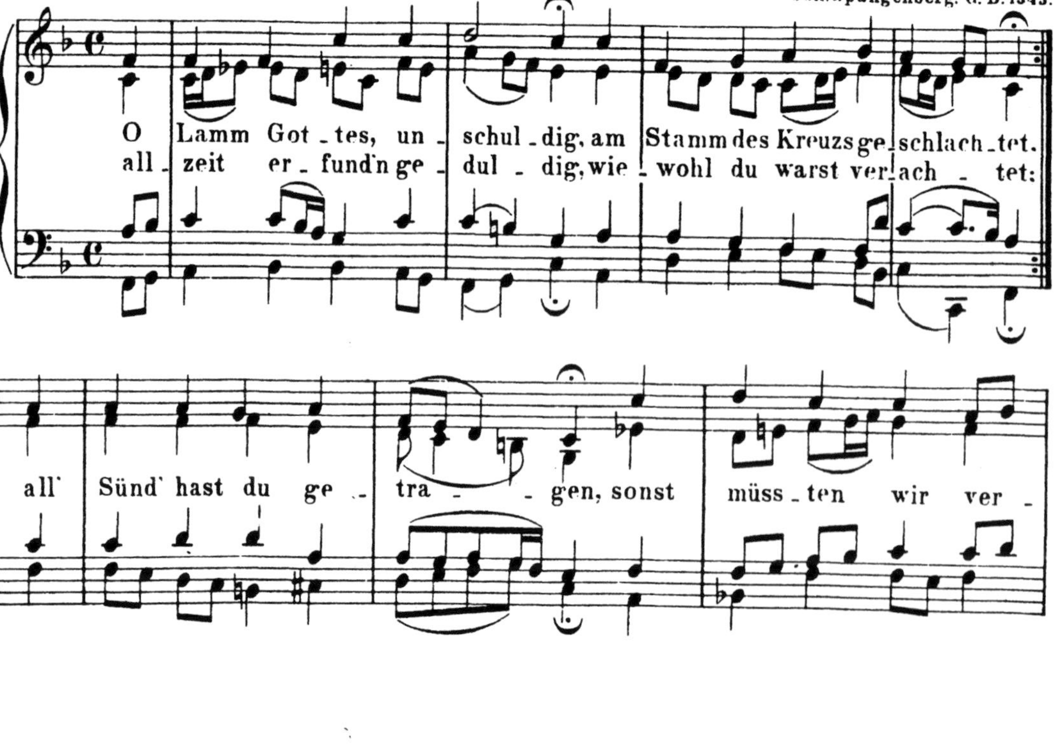
O Lamm Got-tes, un - schul-dig, am Stamm des Kreuzs ge-schlach-tet.
all zeit er-fund'n ge - dul - dig, wie - wohl du warst ver-ach - tet:
all' Sünd' hast du ge - tra - - gen, sonst müss-ten wir ver -

za - - gen. Er - barm' dich un - ser, o Je - - su!
(3 Str.)

Nic. Decius 1531.

286. O Mensch, bewein' dein Sünde gross. (B. A. 39. No. 149.) Strassburg, Psalmen 1526.

O Mensch, be - wein' dein' Sün - de gross, da - rum Christus sein's Va - ters Schooss äu - ssert und kam auf Er - den.
Von ei - ner Jungfrau zart und rein für uns er hier ge - bo - ren ward, er wollt' der Mitt - ler wer - den.
Den Tod - ten er das Le - ben gab, und legt' da - bei all' Krankheit ab, bis sich die Zeit her - dran - ge, dass er für uns ge - op - fert würd, trüg' unsrer Sün - den schwere Bürd' wohl an dem Kreuze lan - ge.
(23 Str.)

Sebald Heyden 1525.

287. O Mensch, schau Jesum Christum an. (B. A. 39. Nº 150.)

P. Titus 1603.

O Mensch, schau' Je-sum Chri-stum an, den wah-ren Mensch und

Gott, der für uns hat ge-nug ge-than durch sei-nen bit-tern

Tod. O wie gro-sse Angst und Pein durchdrang das Her-ze mein.

J. Specht.

288. O Traurigkeit, o Herzeleid. (B. A. 39. Nº 151.)

Joh. Rist 1641.

O Trau-rig-keit, o Her-ze-leid! Ist das nicht zu be-kla-gen?

Got-tes Va-ters ei-nigs Kind wird zu Grab ge-tra-gen.

(8 Str.)

Joh. Rist 1641.

289. O Welt, ich muss dich lassen.

(B. A. 39. Nº 140.)

Georg Forsters Liedersammlung 1539.
Die Melodie wird Heinrich Isaak (um 1490) zugeschrieben.

O Welt, sieh' hier dein Le - ben am Stamm des Kreuzes schwe - ben, dein
Heil sinkt in den Tod, der gro - sse Fürst der Eh - ren lässt
wil - lig sich be - schwe - ren mit Schlä - gen, Hohn und gro - ssem Spott.
(16 Str.)

P. Gerhardt 1648.

290. O Welt, ich muss dich lassen.

(B. A. 39. Nº 141.)

G. Forsters Liedersammlung 1539.

O Welt, sieh' hier dein Le - ben am Stamm des Kreuzes schweben, dein
Heil sinkt in den Tod! Der gro - sse Fürst der Eh - ren lässt
wil - lig sich be - schwe - ren mit Schlägen, Hohn und grossem Spott.
(16 Str.)

P. Gerhardt 1648.

291. O Welt, ich muss dich lassen. (B. A. 39. № 142.)

G. Forsters Liedersammlung 1539

O Welt, sieh hier dein Le - ben am Stamm des Kreuzes schwe - ben, dein
Heil sinkt in den Tod! Der gro - sse Fürst der Eh - ren lässt
wil - lig sich be - schwe - ren mit Schlä - gen, Hohn und gro - ssem Spott.
Hohn und Spott.
(16 Str.)

P. Gerhardt 1648.

292. O Welt, ich muss dich lassen. (Matthäus-Passion. B. A. 4, 164.)

G. Forster 1539.

Wer hat dich so ge - schla - gen, mein Heil, und dich mit Pla - gen so
ü - bel zu - ge - richt? Du bist ja nicht ein Sün - der, wie

wir und un - sre Kin - der; von Mis - se - tha - ten weisst du nicht.
16 Str. (Str. 3 des Liedes: O Welt, sieh' hier dein Leben.)

P. Gerhardt 1648.

293. O Welt, ich muss dich lassen. (Johannes-Passion. B. A. 12 I, 31.)

G. Forster 1539.

3. Wer hat dich so ge - schla - gen, mein Heil, und dich mit Pla - gen so ü - bel zu - ge - richt? Du bist ja nicht ein Sün - der wie wir und un - sre Kin - der, von Mis - se - tha - ten weisst du nicht.
4. Ich, ich und mei - ne Sün - den, die sich wie Körnlein fin - den des San - des an dem Meer, die ha - ben dir er - re - get das E - lend, das dich schlä - get, und das be - trüb - te Mar - ter - heer.
16 Str. (Str. 3 u. 4 des Liedes: O Welt, sieh' hier dein Leben.)

P. Gerhardt 1648.

294. O Welt, ich muss dich lassen. (Matthäus-Passion. B. A. 4, 42.)

G. Forster 1539.

Ich bins, ich soll_te bü_ssen, an Händen und an Fü_ssen ge_
bun_den in der Höll'. Die Gei_sseln und die Ban_den, und
was du aus_ge_stan_den, das hat ver_die_net mei_ne Seel'.
16 Str. (Str. 5 des Liedes: O Welt, sieh' hier dein Leben.)

P. Gerhardt 1648.

295. O Welt, ich muss dich lassen.

(Cant. 13. Meine Seufzer, meine Thränen. B. A. 2, 98.)

G. Forster 1539.

1. In al_len meinen Tha_ten lass ich den höchsten ra_then, der
9. So sei nun Seele dei_ne, und traue dem al_lei_ne, der
Cont.

al - les kann und hat. Er muss zu al - len Din - gen, soll's
dich er - schaf - fen hat. Es ge - he wie es ge - he, dein
an - ders wohl ge - lin - gen, selbst ge - ben gu - ten Rath und That.
Va - ter in der Hö - he, der weiss zu al - len Sa - chen Rath.
9 Str. (Str. 1 u. 9 des Liedes: In allen meinen Thaten. In der B. A. nur die 9. Str.)

P. Fleming 1633.

296. O Welt, ich muss dich lassen.

(Cant. 11. Sie werden euch in den Bann thun. B. A. 10, 150.)

G. Forster 1539.

So sei nun, See - le, dei - ne, und trau - e dem al - lei - ne, der
dich er - schaf - fen hat. Es ge - he, wie es ge - he: dein
Va - ter in der Hö - he, der weiss zu al - len Sa - chen Rath.
9 Str. (Str. 9 des Liedes: In allen meinen Thaten.)

P. Fleming 1633

297. O Welt, ich muss dich lassen.

(Cant. 97. In allen meinen Thaten. B. A. 22, 230.)

G. Forster 1539.

(2 Violinen u. Viola.)
So sei nun, See_le, dei_ne, und trau_e dem al_lei_ne, der
dich er_schaf_fen hat, es ge_he wie es ge_he, mein
Va_ter in der Hö_he, weiss al_len Sa_chen Rath.
9 Str. (Str. 9 des Liedes: In allen meinen Thaten.)

P. Fleming 1633.

298. O Welt, ich muss dich lassen. (B. A. 39. № 139.)

G. Forster 1539.

Nun ru-hen al-le Wäl-der, Vieh, Menschen, Städt' und Fel-der, es
schläft die gan-ze Welt; ihr a-ber mei-ne Sin-nen, auf,
auf! ihr sollt be-gin-nen, was eu-rem Schö-pfer wohl-ge-fällt.
(9 Str.)

P. Gerhardt 1648.

299. O wie selig seid ihr doch, ihr Frommen. (B. A. 39. № 152.)

Joh. Crüger 1649.

O wie se-lig seid ihr doch, ihr From-men,
die ihr durch den Tod zu Gott ge-kom-men! Ihr seid ent-
gan-gen al-ler Noth, die uns noch hält ge-fan-gen.
(8 Str.)

Simon Dach 1639.

300. O wie selig seid ihr doch, ihr Frommen. (B. A. 39 № 153.)

Böhm. Brüder G. B. 1566.

O wie se - lig seid ihr doch, ihr From - men,
die ihr durch den Tod zu Gott ge - kom - men! Ihr seid ent - gan -
gen al - lér Noth, die uns noch hält ge - fan - gen.
(6 Str.)

Simon Dach 1639.

301. O wir armen Sünder. (B. A. 39 № 154.)

Lucas Lossius 1561.

O wir ar - men Sün - der! uns - re Mis - se - that, da - rin wir em -
pfan - gen und ge - bo - ren sind, hat ge - bracht uns al - le in

sol_che gro_sse Noth, dass wir un_ter_ wor_ fen sind dem ew'_ gen Tod.

Ky_rie e_ lei_ son! Chri_ ste

e_ lei_ son! Ky_rie e_lei_ son!
(6 Str.)

Hermann Bonn 1542.

302. Puer natus in Bethlehem.

(Cant. 65. Sie werden aus Saba alle kommen. B. A. 16, 152.)

L. Lossius 1553 (1561)

1. Ein Kind ge_born zu Beth_le_hem, Beth_ le_hem, des freu_et
4. Die Kön'ge aus Sa_ba ka_men dar, ka_ men dar, Gold, Weihrauch,

sich Je_ru_sa_lem. Al_le_lu_ja, Al_le_ lu_ja!
Myrr_hen brachten sie dar. Al_le_lu_ja, Al_le_ lu_ja!
9 Str. (Str. 1 u. 4 des Liedes: Ein Kind geborn zu Bethlehem. In der B. A. nur die 4. Str.)

Aus dem 15. Jahrh.
V. Babst, G. B 1545.

303. Schaut, ihr Sünder.*) (B. A. 39 Nº 155.)

M. A. v. Löwenstern 1644.

Schaut, ihr Sün_der! Ihr macht mir gro_sse Pein! Ihr sollt Kin_der
des To_des e_wig sein: durch mein Ster_ben seid ihr hier_
von be_freit und nun Er_ben der wah_ren Se_lig_keit.
(7 Str.)

M. A. v. Löwenstern 1644.

304. Schmücke dich, o liebe Seele.

(Cant. 180. Schmücke dich, o liebe Seele. B. A. 35, 322.)

Joh. Crüger 1649.

1. Schmücke dich, o lie_be See_le, lass die dunkle Sün_den höh_le;
komm an's hel_le Licht ge_gan_gen, fan_ge herr_lich an zu pran_gen;
9. Je_su wah_res Brod des Le_bens, hilf, dass ich doch nicht ver_ge_bens,
o_der mir viel_leicht zum Scha_den sei zu dei_nem Tisch ge_la_den.
denn der Herr voll Heil und Gna_den will dich jetzt zu Ga_ste la_den:
Lass mich durch dies See_len_Es_sen dei_ne Lie_be recht er_mes_sen,

*) Dieses Lied gehört textlich zusammen mit Nº 170. Heut ist, o Mensch, ein grosser Trauertag.

Der den Him_mel kann ver_wal_ten, will jetzt Her_berg in dir hal - ten.
dass ich auch, wie jetzt auf Er_den, mög ein Gast im Him_mel wer - den.
9 Str. (Str. 1 u. 9 des Liedes: Schmücke dich, o liebe Seele.. In der B. A. nur die 9. Str.)

Joh. Frank 1649.

305. Schwing' dich auf zu deinem Gott.

(Cant. 40. Dazu ist erschienen der Sohn Gottes. B. A. 7, 387.)

Dan. Vetter 1713
von Bach etwas umgebildet.

1. Schwing' dich auf zu dei_nem Gott du be_trüb_te See - le!
2. Schütt_le dei_nen Kopf und sprich: fleuch du al_te Schlan - ge!
Wa_rum liegst du Gott zum Spott in der Schwer_muths_höh - le?
was er_neurst du dei_nen Stich, machst mir angst und ban - ge?
Merkst du nicht des Sa_tans List? er will durch sein Käm - pfen
Ist dir doch der Kopf zer_knickt, und ich bin durchs Lei - den
dei_nen Trost, den Je_su Christ dir er_wor_ben, däm - pfen.
mei_nes Hei_lands dir ent_rückt in den Saal der Freu - den.
17 Str. (Str. 1 u. 2 des Liedes: Schwing' dich auf zu deinem Gott. In der B. A. nur die 2. Str.)

Paul Gerhardt 1653.

306. Seelenbräutigam. (B. A. 39 Nº 156.)

Darmstadt G. B. 1698.

Seelen - bräu - ti - gam, Je - su, Got - tes Lamm,
ha - be Dank für dei - ne Lie - be, die mich zieht aus rei - nem
Trie - be von der Sün - den Schlamm, Je - su, Got - tes Lamm.
(15 Str.)

Adam Drese 1697.

307. Sei gegrüsset, Jesu gütig. (B. A. 39 Nº 157.)

Gottfr. Vopelius, G. B. 1682.

Sei ge - grü - sset, Je - su gü - tig, ü - ber al - les Mass sanftmü -
thig! Ach wie bist du so zer - schmissen, und dein gan - zer Leib zer - ris - sen!

Lass mich dei_ne Lieb' er_er_ben und da_rin_nen se_lig ster_ben!
(7 Str.)

Christian Keymann vor 1662.

308. Singen wir aus Herzensgrund.

(Cant. 187. Es wartet Alles auf dich. B. A. 37, 191.) G. B. der Böhm. Brüder 1544.

1. Sin_gen wir aus Herzens_grund lo_ben Gott mit un_serm Mund wie er sein Güt an uns be_weist so hat er uns auch ge_speist: Wie er Thier und Vögel er_nährt, so hat er uns auch be_scheert, welch's wir jetzund ha_ben ver_zehrt.
4. Gott hat die Erd' schön zu_ge_richt't, lässt's an Nah_rung man_geln nicht; Berg und Thal, die macht er nass, dass dem Vieh auch wächst sein Gras; aus der Er_den Wein und Brod schaf_fet Gott und giebt's uns satt, dass der Mensch sein Le_ben hat.
6. Wir dan_ken sehr und bit_ten ihn, dass er uns geb' des Gei_stes Sinn, dass wir sol_ches recht ver steh'n, stets nach sein'n Ge_bo_ten geh'n, sei_nen Na_men ma_chen gross in Chri_sto ohn' Un_ter lass; so sing'n wir das Gra_ti_as.
6 Str. (Str. 1 4 u. 6 des Liedes: Singen wir aus Herzensgrund. In der B. A. nur die 4. u. 6. Str.)

Frankfurt a. O. 1568.

309. Singt dem Herrn ein neues Lied. (B. A. 39, № 158.)

M. A. von Löwenstern 1644.

Singt dem Herrn ein neu_es Lied: die Gemeine soll ihn lo - - ben,
weil er ih_ren Gren_zen Fried' hat verliehen hoch von o - - ben.
Is_ra_el er_freu' sich des_ - sen, wel_cher ihn ge_ma_chet
hat, und in Aengsten schaffet Rath: Seiner soll er nicht ver_ges - sen.

M. A. von Löwenstern 1644.

310. So giebst du nun, mein Jesu, gute Nacht. (B. A. 39, № 159.)

Dresden 1694.

So giebst du nun, mein Je su, gu_te Nacht! So stirbst du denn, mein al_ler liebstes
Leben? Ja, du bist hin dein Lei_den ist voll_bracht. Mein Gott ist todt, sein

Geist ist auf-ge-ge-ben, mein Gott ist todt, sein Geist ist auf-ge-ge-ben.
(24 Str.)

Aug. Pfeifer † 1698

311. Sollt' ich meinem Gott nicht singen. (B. A. 39, N°. 160.)

Jos. Schop 1641.

Sollt' ich mei-nem Gott nicht sin-gen? sollt' ich ihm nicht dank-bar sein?
Denn ich seh' in al-len Din-gen, wie so gut er's mit mir meint.
Ist doch nichts, als lau-ter Lie-ben, das sein treu-es Her-ze regt, das ohn' En-de hebt und trägt, die in sei-nem Dienst sich ü-ben. Al-les Ding währt sei-ne Zeit, Got-tes Lieb' in E-wig-keit.
(12 Str.)

P. Gerhardt 1656.

312. Straf mich nicht in deinem Zorn.

(Cant. 115. Mache dich, mein Geist, bereit. B. A. 24, 132.)

Dresden 1694.

Ma - che dich, mein Geist, be - reit, wa - che, fleh' und be - te,
dass dich nicht die bö - se Zeit un - ver - hofft be - tre - te:
Drum so lasst uns im - mer - dar wa - chen, fle - hen, be - ten,
weil die Angst, Noth und Ge - fahr im - mer nä - her tre - ten;
Cont.
denn es ist Sa - tans List ü - ber vie - le
denn die Zeit ist nicht weit, da uns Gott wird
From - - men zur Ver - such - ung kom - - men.
rich - - ten, und die Welt ver - nich - - ten.
10 Str. (Str. 1 u. 10 des Liedes: Mache dich, mein Geist, bereit. In der B. A. nur die 10 Str.)

Joh. Burchard Freystein 1697.

313. Uns ist ein Kindlein heut' gebor'n. (B. A. 39, № 161.)

Barth. Gesius 1601. (etwas umgebildet)

Uns ist ein Kindlein heut' gebor'n von ei - ner Jung - frau aus - er - kor'n
des freu - en sich die En - gelein, soll - ten wir Men - schen nicht fröhlich sein?
Lob, Preis und Dank sei Gott be - reit't für sol - che Gnad' in E - wig - keit.
(1 Str.)

In der Psalmodia des Luc. Lossius 1579.

314. Valet will ich dir geben. (B.A.39, No 162.)

Melch. Teschner 1613.

Va - let will ich dir ge - ben, du ar - ge, falsche Welt,
dein sünd-lich bö - ses Le - ben durch - aus mir nicht ge - fällt.
Im Himmel ist gut woh - nen, hin - auf steht mein Be - gier, da
wird Gott e - wig loh - nen dem, der ihm dient all - hier.
(5 Str.)

Valerius Herberger 1613.

315. Valet will ich dir geben.

(Johannes-Passion B. A. 12 I, 95.)

Melch. Teschner 1613.

In meines Herzens Grun-de, dein Nam' und Kreuz al - lein
fun - kelt all' Zeit und Stun-de, drauf kann ich fröh - lich sein
Er - schein' mir in dem Bil - de zu Trost in meiner Noth, wie du, Herr Christ, so mil - de dich hast geblut't zu Tod.
5 Str. (Str. 3 des Liedes: Valet will ich dir geben.)

Valerius Herberger 1613.

316. Vater unser im Himmelreich.

(B. A. 39, №. 163. a. d. Johannes-Passion; s. das Vorwort 12 I.)

Val. Schumann G. B. 1539.

Va - ter un - ser im Himmelreich, der du uns al - le hei - ssest gleich Bru -

der sein und dich ru - fen an, und willst das Be - ten von uns ha'n, gib,

dass nicht bet' al - lein der Mund, hilf, dass es geh' aus Her - zens Grund.
(9 Str.)

M. Luther 1539.

317. Vater unser im Himmelreich.

(Johannes-Passion B. A. 12 I, 18.)

Val. Schumann G. B. 1539.

Dein Will' ge - scheh', Herr Gott, zu - gleich auf Erden wie im Him - melreich; gib

uns Ge - duld in Leidenszeit, ge - hor - sam sein in Lieb' und Leid, wehr

und steu'r al - lem Fleisch und Blut, das wi - der dei - nen Wil - len thut.
9 Str. (Str. 4 des Liedes: Vater unser im Himmelreich.)

M. Luther 1539.

318. Vater unser im Himmelreich.

(Cant. 101. Nimm von uns, Herr, du treuer Gott. B. A. 23, 32.)

Val. Schumann G. B. 1539.

1. Nimm von uns, Herr, du treu - er Gott die schwe - re Straf' und
7. Leit' uns mit dei - ner rech - ten Hand und seg - ne uns - re
Taille
Ob. II.
gro - sse Noth, die wir mit Sün - den oh - ne Zahl ver -
Stadt und Land; gieb uns all - zeit dein heil' - ges Wort, be -
die - net ha - ben all - zu - mal. Be - hüt' vor Krieg und
hüt' vor's Teu - fels List und Mord, ver - leih ein sel' - ges
theu - rer Zeit, vor Seu - chen, Feu'r und gro - ssem Leid.
Stün - de - lein, auf dass wir e - wig bei dir sein!
7 Str. (Str. 1 u. 7 des Liedes: Nimm von uns, Herr, du treuer Gott. In der B. A. nur die 7. Str.)

Martin Moller 1584.

319. Vater unser im Himmelreich.

(Cant. 90. Es reifet euch ein schrecklich Ende. B. A. 20 I. 214.) Val. Schumann G. B. 1539.

Leit' uns mit dei_ner rechten Hand, und seg_ne un_ser' Stadt und Land: gieb
Cont.
uns all_zeit dein heil'ges Wort, be_hüt' vor Teu_fels List und Mord, ver_
leih' ein sel'_ges Stün_de_lein, auf dass wir e_wig bei dir sein!
7 Str. (Str. 7 des Liedes: Nimm von uns Herr du treuer Gott.)

Martin Moller 1584.

320. Vater unser im Himmelreich.

(Cant. 102. Herr, deine Augen sehen nach dem Glauben. B. A. 23, 66.) Val. Schumann G. B. 1539.

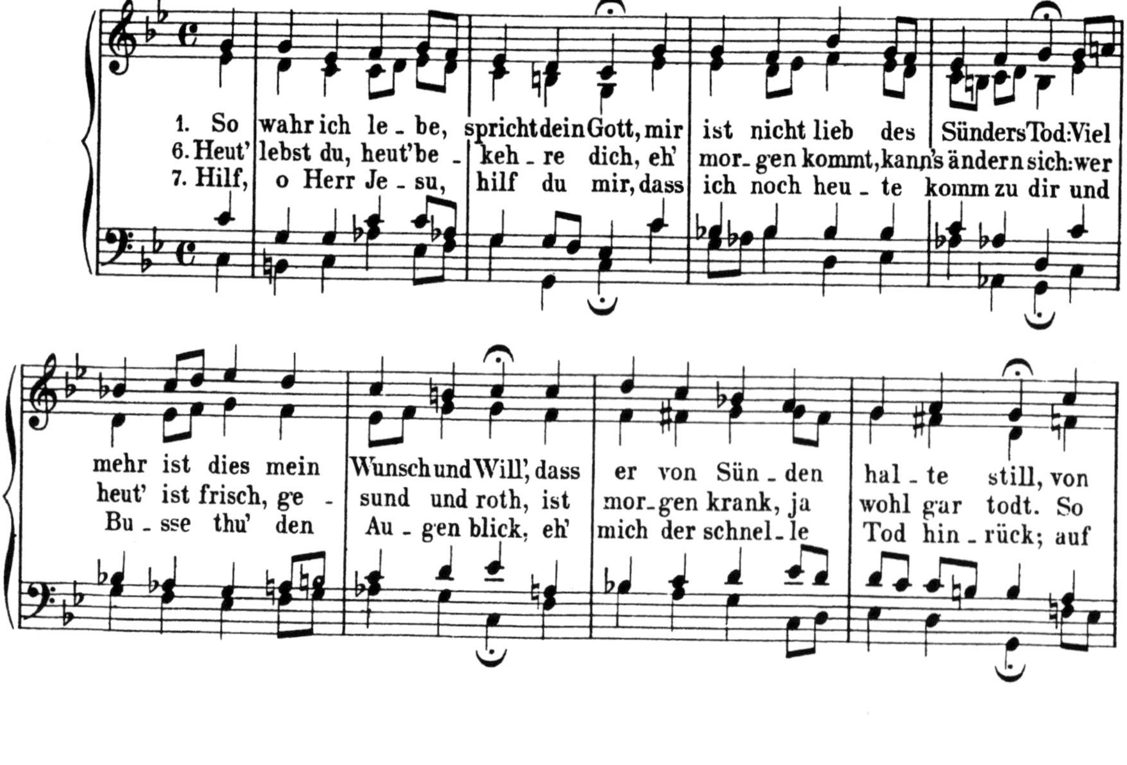
1. So wahr ich le_be, spricht dein Gott, mir ist nicht lieb des Sünders Tod: Viel
6. Heut' lebst du, heut' be_keh_re dich, eh' mor_gen kommt, kann's ändern sich: wer
7. Hilf, o Herr Je_su, hilf du mir, dass ich noch heu_te komm zu dir und
mehr ist dies mein Wunsch und Will', dass er von Sün_den hal_te still, von
heut' ist frisch, ge_sund und roth, ist mor_gen krank, ja wohl gar todt. So
Bu_sse thu' den Au_gen blick, eh' mich der schnel_le Tod hin_rück; auf

sei_ner Bos_heit keh_re sich und le_be mit mir e_wig_lich.
du nun stir_best oh_ne Buss', dein Leib und Seel' dort bren_nen muss.
dass ich heut' und je_der_zeit zu mei_ner Heim_fahrt sei be_reit.
7 Str. (Str. 1, 6 u. 7 des Liedes: So wahr ich lebe, spricht dein Gott. In der B. A. nur die 6 u. 7 Str.)

Joh. Heermann 1630.

321. Verleih' uns Frieden gnädiglich.

(Cant. 126. Erhalt' uns, Herr, bei deinem Wort. B. A. 26, 131.)

Nürnberg 1531.
Jos. Klug G B. 1535.

Ver_leih' uns Frie_den gnädig_lich, Herr Gott, zu unsern Zei_ten; es ist doch ja kein
And'_rer nicht, der für uns könnte strei_ten, denn du, un_ser Gott, al_lei_ne. Gieb
unserm Fürst'n und al_ler. Ob_rig_keit Fried' und gut Re_gi_ment, dass wir un_ter ih_
nen ein ge_ruh'g und stil_les Le_ben füh_ren mö_gen in al_ler Gott_
se_lig_keit und Ehr_bar_keit. A_men.

M. Luther 1531 u. 1568.

322. Verleih' uns Frieden gnädiglich.

Nürnberg 1531.
Jos. Klug G. B. 1535.

(Cant. 42. Am Abend aber desselbigen Sabbaths. B. A. 10, 91.)

Cont.
Ver_leih' uns Frie_den gnä_dig_lich, Herr Gott, zu unsern Zei _ ten, es
ist ja doch kein An_drer nicht, der für uns könn_te strei _ ten, denn
du, uns'r Gott al _ lei _ ne. Gieb un_sern Für _ sten und der Ob_rig_keit Fried'
und gut Re_gi _ ment, dass wir un _ ter ih _ nen ein ge _ ruh_ig und stil_les
Le _ ben füh_ren mö _ gen in al _ ler Gott _ se _ lig _ keit
und Ehr _ bar _ keit, A _ _ _ _ men.

M. Luther 1531 u. 1568.

323. Vom Himmel hoch da komm ich her.

(Weihnachts-Oratorium B. A. 5 II. 66.)

Val. Schumann G. B. 1539.

1. Schaut, schaut, was ist für Wunder dar? Die schwarze Nacht wird hell und klar, ein
8. Schaut hin! dort liegt im finstern Stall, des Herrschaft gehet über all: Da

Cont.

grosses Licht bricht jetzt herein, ihm weichet aller Sterne Schein.
Speise vormals sucht ein Rind, da ruht jetzt der Jungfrauen Kind.

18 Str. (Str. 1 u. 8 des Liedes: Schaut, schaut, was ist für Wunder. In der B. A. nur die 8 Str.)

Ob.

P. Gerhardt 1666.

324. Von Gott will ich nicht lassen. (B. A. 39, No 164.)

Joach. Magdeburg 1571.

Von Gott will ich nicht lassen, denn er lässt nicht von mir,
führt mich auf rechter Strassen, da ich sonst irret sehr.

Er reicht mir seine Hand, den Abend wie den Morgen thut

er mich wohl versorgen, sei wo ich woll' in Land.

(9 Str.)

Ludw. Helmbold 1563 od. 61.

325. Von Gott will ich nicht lassen. (B. A. 39, No. 165.)

Joach. Magdeburg 1571.

Von Gott will ich nicht las - sen, denn er lässt nicht von mir, führt mich auf rech - ter Stra - ssen, da ich sonst ir - ret sehr. Er reicht mir sei - ne Hand, den A - bend wie den Mor - gen thut er mich wohl ver - sor - gen, sei wo ich woll' im Land. (u Str.)

Ludw. Helmbold 1563 od. 64.

326. Von Gott will ich nicht lassen. (B. A. 39, No. 166.)

Joach. Magdeburg 1571.

Von Gott will ich nicht las - sen, denn er lässt nicht von mir,
führt mich auf rech - ter Stra - ssen, da ich sonst ir - ret sehr.

Er reicht mir sei_ne Hand, den A_bend und den Mor - gen thut
er mich wohl ver - sor - gen, sei wo ich woll' im Land.
(9 Str.)

Ludw. Helmbold 1563 od. 64.

327. Von Gott will ich nicht lassen.

(Unvollständige Cant: Lobt ihn mit Herz und Munde. B. A. 41, 259. Echtheit fraglich.)

Joach. Magdeburg 1571.

Lobt ihn mit Herz und Mun - de, welch's er uns bei_des schenkt, das ist ein'
sel'_ge Stun - de, darin man sein gedenkt; sonst verdirbt al_le Zeit, die wir zu -
bring'n auf Er - den: wir sollen se_lig wer - den und bleib'n in E_wigkeit.
9 Str. (Str. 5 des Liedes: Von Gott will ich nicht lassen.)

Ludw. Helmbold 1563 od. 64.

328. Von Gott will ich nicht lassen.

(Cant. 73. Herr, wie du willst. B. A. 18, 104.)

Joach. Magdeburg 1571.

Das ist des Va_ters Wil_le, der uns er_schaffen hat;
sein Sohn hat Gut's die Fül_le er_wor_ben uns aus Gnad';

auch Gott, der heil'_ge Geist im Glau_ben uns re_gie_ret, zum

Reich des Himmels füh_ret: ihm sei Lob, Ehr' und Preis.
9 Str. (Str. 9 des Liedes: Von Gott will ich nicht lassen.)

Ludw. Helmbold 1563 od. 64.

329. Wachet auf, ruft uns die Stimme.

(Cant. 140. Wachet auf, ruft uns die Stimme. B. A. 28, 284.)

Philipp Nicolai 1599.

1. Wa_chet auf! ruft uns die Stim_me der Wächter sehr hoch
Mit_ter_nacht heisst die_se Stun_de: sie ru_fen uns mit
3. Glo_ri_a sei dir ge_sun_gen mit Menschen- und eng
Von zwölf Per_len sind die Pfor_ten an dei_ner Stadt; wir

auf der Zin - - ne: wach' auf, du Stadt Je - ru - sa - lem!
hel - lem Mun - - de: wo seid ihr klu - gen Jungfrau - en?
li - schen Zun - - gen, mit Har - fen und mit Cymbeln schon.
sind Con - sor - - ten der En - gel hoch um dei - nen Thron.
Wohl - auf! der Bräutgam kommt, steht auf! die Lam - pen nehmt.
Kein Aug' hat je ge - spürt, kein Ohr hat je ge - hört
Al - le - lu - ja! macht euch be - reit zu
sol - che Freu - de. Dess sind wir froh, i -
der Hoch - zeit, ihr müs - set ihm ent - ge - gen gehn.
o! i - o! e - wig in dul - ci ju - bi - lo.
3 Str. (Str. 1 u. 3 des Liedes: Wachet auf, ruft uns die Stimme. In der B. A. nur die 3. Str.)

Ph. Nicolai 1598.

330. Wär' Gott nicht mit uns diese Zeit.

(Cant. 14. Wär' Gott nicht mit uns. B. A. 2, 132.)

Joh. Walter 1524.

1. Wär Gott nicht mit uns die - se Zeit, so soll Is - ra - el sa - gen. Wär'
3. Gott Lob und Dank, der nicht zu - gab, dass ihr Schlund uns mögt fan - gen. Wie
Cont.
Gott nicht mit uns die - se Zeit, wir hätten müss'n ver - za - gen, die so ein ar - mes
ein Vo - gel des Stricks kömmt ab, ist unsre Seel' ent - gan - gen. Strick ist entzwei und
Häuflein sind ver - acht't von so viel Menschenkind, die an uns se - tzen al - le.
wir sind frei, des Her - ren Na - me steht uns bei, des Gottes Him - mels und Er - den.
3 Str. (Str. 1 u. 3 des Liedes: Wär' Gott nicht mit uns. In der B. A. nur die 3. Str.)

M. Luther 1524.

331. Warum betrübst du dich, mein Herz. (B. A. 39. № 167.)

Barthol. Monoetius 1565.

Wa - rum betrübst du dich, mein Herz, be - kümmerst dich und trägest Schmerz nur
um das zeitlich Gut? Ver - trau' du dei - nem Herren Gott, der al - le Ding er - schaffen hat
(14 Str.)

Einzeldruck, Nürnberg vor 1565.

332. Warum betrübst du dich, mein Herz. (B. A. 39. № 168.)

Barth. Monoetius 1565.

Wa _ rum be _ trübst du dich, mein Herz, be _ kümmerst dich und
trä_gest Schmerz nur um das zeit _ lich Gut? Ver _ trau du dei_nem
Her _ ren Gott, der al _ le Ding' er _ schaf _ fen hat.
(14 Str.)

Einzeldruck, Nürnberg vor 1565.

333. Warum betrübst du dich, mein Herz.

(Cant. 47. Wer sich selbst erhöhet. B. A. 10, 274.)

Barth. Monoetius 1565.

Der zeit_li_chen Ehr' will ich gern ent_behr'n, du wollst mir nur das
Ew'ge ge _ währ'n, das du er _ wor _ ben hast durch dei _ nen her _ ben,
bit _ tern Tod. Das bitt' ich dich, mein Herr und Gott!
14 Str. (Str. 11 des Liedes: Warum betrübst du dich, mein Herz.)

Einzeldruck, Nürnberg vor 1565.

J. G. Ebeling 1666.
D. Vetter 1713.

334. Warum sollt' ich mich denn grämen. (B. A. 39. № 169.)

Wa_rum sollt' ich mich denn grä_ _ men? Hab' ich doch Christum
noch, wer will mir den neh_ _ men? Wer will mir den Himmel rau_ben,
den mir schon Got_tes Sohn bei_ge_legt im Glau_ _ben.
(12 Str.)

P. Gerhardt 1653

335. Warum sollt' ich mich denn grämen.

(Weihnachts-Oratorium. B. A. 5. 124.)

J. G. Ebeling 1666.
D. Vetter 1713.

1. Fröh_lich soll mein Her_ze sprin_ _gen die_se Zeit, da vor
15. Ich will dich mit Fleiss be_wah_ _ren, ich will dir le_ben
Cont.
Freud' al_le En_gel sin_ _gen. Hört, hört, wie mit vol_len Chö_ren
hier, dir will ich ab_fah_ _ren. Mit dir will ich end_lich schwe_ben

al - le Luft lau - te ruft: Chri - stus ist ge bo - - ren.
vol - ler Freud', oh - ne Zeit dort im an - dern Le - - ben.
15 Str. (Str. 1 u. 15 des Liedes: Fröhlich soll mein Herze springen. In der B. A. nur die 15. Str.)

P. Gerhardt 1656.

336. Was betrübst du dich, mein Herze. (B. A. 39. Nº 170.)

Wahrscheinlich von J. S. Bach.

Was be - trübst du dich, mein Herze, wa - rum grämst du dich in mir?
Sa - ge, was für Noth dich schmerze, wa - rum ist kein Muth in dir?
Was für Un - glück hat dich troffen und wo bleibt dein freu - dig Hof - fen?
Wo ist dei - ne Zu - ver - sicht, die zu Gott sonst war ge - richt't?
(12 Str.)

Zacharias Hermann um 1690.

337. Was bist du doch, o Seele, so betrübet.

(B. A. 39. № 171.) Freylinghausen G. B. 1704 (1703.)

Was bist du doch, o See_le so be_trü_bet,
dass dir der Herr ein Kreuz zu tra_gen giebet?
Was grämst du dich so ängstig_lich, als wür_dest du drum nicht von Gott ge_lie_bet?
(8 Str.)

Rud. Fried. von Schult vor 1704.

338. Was Gott thut, das ist wohlgethan.

(Cant. 144. Nimm, was dein ist. B. A. 30, 87.) Nürnb. G. B. 1690.

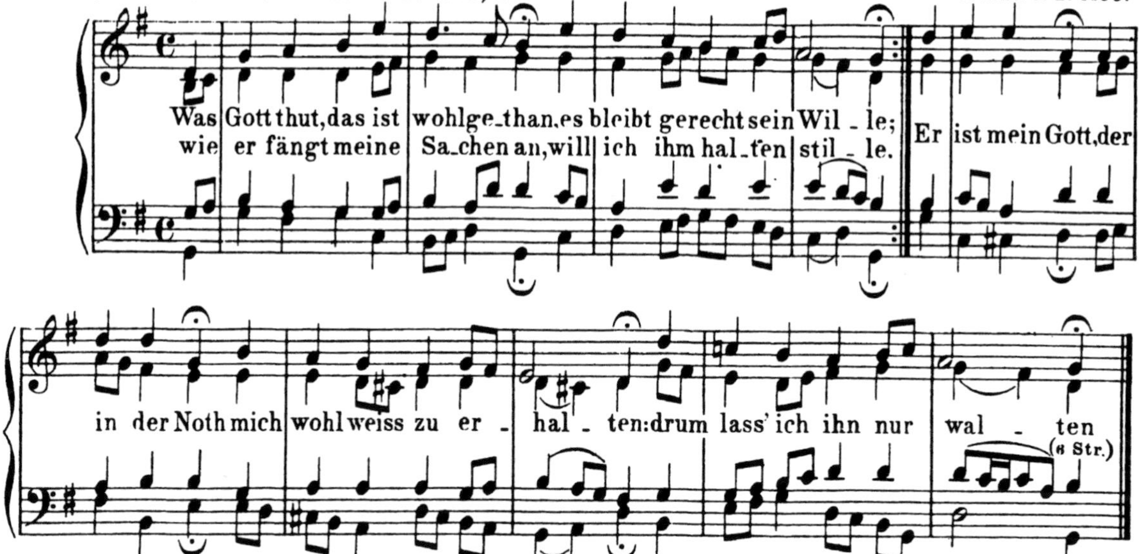
Was Gott thut, das ist wohlge_than, es bleibt gerecht sein Wil_le;
wie er fängt meine Sa_chen an, will ich ihm hal_ten stil_le.
Er ist mein Gott, der in der Noth mich wohl weiss zu er_hal_ten: drum lass' ich ihn nur wal_ten
(8 Str.)

Samuel Rodigast 1675.

339. Was Gott thut, das ist wohlgethan.

(Trauungschoral B. A. 13 I, 147.) Nürnb. G. B. 1690.

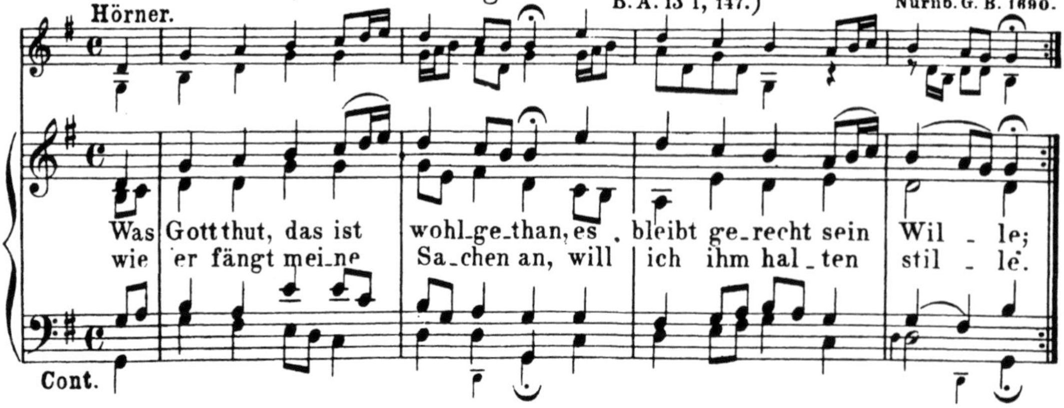
Hörner.
Was Gott thut, das ist wohl_ge_than, es bleibt ge_recht sein Wil_le;
wie er fängt mei_ne Sa_chen an, will ich ihm hal_ten stil_le.
Cont.

Er ist mein Gott, der in der Noth mich wohl weiss zu er -
hal - ten; drum lass ich ihn nur wal - ten
(6 Str.)

340. Was Gott thut, das ist wohlgethan.

Samuel Rodigast 1675.

(Cant. 12. Weinen, Klagen. B. A. 2, 78.)
(Cant. 69. Lobe den Herrn, meine Seele. B. A. 16, 379.)

Nürnb. G. B. 1690.

Oboe oder Trompete.
Was Gott thut, das ist wohl - ge - than, da - bei will ich ver - blei - ben.
Es mag mich auf die rau - he Bahn Noth, Tod und E - lend trei - ben:
so wird Gott mich ganz vä - ter - lich in sei - nen Ar - men
hal - ten. Drum lass ich ihn nur wal - ten.
6 Str. (Str. 6 des Liedes: Was Gott thut, das ist wohlgethan.)

S. Rodigast 1675

341. Was Gott thut, das ist wohlgethan.

(Cant. 99. Was Gott thut, das ist wohlgethan. B. A. 22, 276.)

Nürnberg G. B. 1690.

Was Gott thut, das ist wohl-ge-than da-bei will ich ver-blei-ben!
Es mag mich auf die rau-he Bahn Noth, Tod und E-lend trei-ben.
so wird Gott mich ganz vä-ter-lich in sei-nen Ar-men
hal-ten; drum lass ich ihn nur wal-ten.
6 Str. (Str. 6 des Liedes: Was Gott thut, das ist wohlgethan.)

S. Rodigast 1675.

342. Was mein Gott will, das g'scheh' allzeit.

Joach. Magdeburg 1572.
(Matthäus-Passion B. A. 4, 83.)
Ursprünglich franz. Melodie.

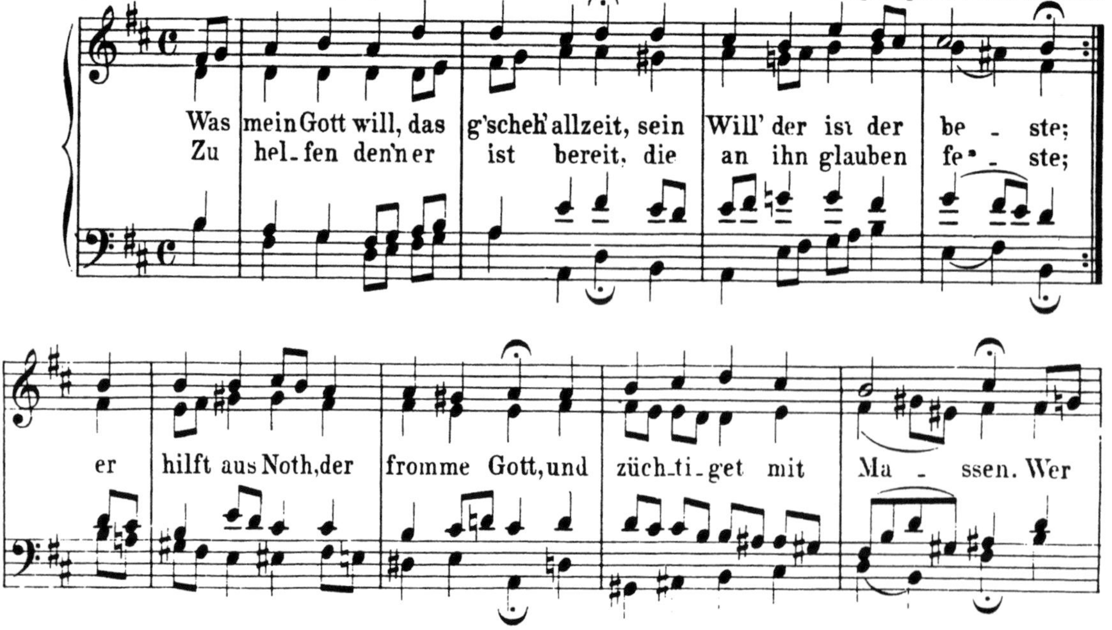
Was mein Gott will, das g'scheh' allzeit, sein Will' der ist der be-ste;
Zu hel-fen den'n er ist bereit, die an ihn glauben fe-ste;
er hilft aus Noth, der fromme Gott, und züch-ti-get mit Ma-ssen. Wer

Albrecht d. J. Markgraf zu Brandenburg-Culmbach 1556.

343. Was mein Gott will', das g'scheh' allzeit.

(Cant. 144. Nimm, was dein ist. B. A. 30, 92.)

Joach. Magdeburg 1572.

Albrech d. J. Markgraf zu Brandenburg-Culmbach 1556.

344. Was mein Gott will, das g'scheh' allzeit.

(Cant. 72. Alles nur nach Gottes Willen. B. A. 18, 84.) Joach. Magdeburg 1572.

Was mein Gott will, das g'scheh' allzeit, sein Will' der ist der be - - ste;
zu hel-fen den'n er ist bereit, die an ihn glau-ben fe - - ste.
Cont.

Er hilft aus Noth, der from-me Gott, und züch-ti-get mit Ma - ssen. Wer

Gott ver-traut, fest auf ihn baut, den will er nicht ver - las - - sen.
(1 Str.)

Albrecht d. J. Markgraf zu Brandenburg-Culmbach 1556.

345. Was mein Gott will, das g'scheh' allzeit.

(Cant. 111. Was mein Gott will. B. A. 24, 28.) Joach. Magdeburg 1572.

Noch eins, Herr, will ich bit-ten dich, du wirst mir's nicht ver - sa - - gen:
wann mich der bö-se Feind anficht, lass mich doch nicht ver - za - - gen.

Hilf steu'r und wehr', ach Gott, mein Herr, zu Eh-ren dei-nen Na - men. Wer

das be-gehrt, dem wird's gewährt, drauf sprech' ich fröh-lich: A - - - men!
4 Str. (Str. 4 des Liedes: Was mein Gott will, das g'scheh' allzeit.)

Albrecht d. J. Markgraf zu Bandenburg-Culmbach 1656.

346. Was mein Gott will, das g'scheh' allzeit.

(Cant. 65. Sie werden aus Saba alle kommen. B. A. 16, 166.)

Joach. Magdeburg 1572.

Ich hab' in Got-tes Herz und Sinn mein Herz und Sinn er-ge - ben;
was bö-se scheint, ist mir Ge-winn, der Tod selbst ist mein Le - ben:
Ei nun, mein Gott, so fall' ich dir ge-trost in dei-ne Hän - de,
nimm mich, und mach' es so mit mir bis an mein letztes En - de.
Ich bin ein Sohn dess, der den Thron des Him-mels auf-ge-zo - gen: ob er gleich schlägt und Kreuz auf-legt, bleibt doch sein Herz ge-wo - - - gen
Wie du wohl weisst, dass mei-nem Geist da-durch sein Weg ent-ste - he, und dei-ne Ehr' je mehr und mehr sich in mir selbst er-hö - - - he.
12 Str. (Str. 1 u. 10 des Liedes: Ich hab' in Gottes Herz und Sinn.)

P. Gerhardt 1848.

347. Was mein Gott will, das g'scheh' allzeit.

(Cant. 92. Ich hab' in Gottes Herz und Sinn. B. A. 22, 68.)

Joach. Magdeburg 1572.

Soll ich denn auch des To_des Weg und fin_stre Stra_ _ssen rei_ _sen;
wohl_ an! so tret' ich Bahn und Steg, den mir dein' Au_ _gen wei_ _sen.
Du bist mein Hirt, der Al_les wird zu solchem En_de keh_ _ren, dass
ich ein_mal in deinem Saal dich e_wig mö_ _ge eh_ _ren.
12 Str. (Str. 12 des Liedes: Ich hab' im Gottes Herz und Sinn.)

P. Gerhardt 1648.

348. Was mein Gott will, das g'scheh' allzeit.

(Cant. 103. Ihr werdet weinen und heulen. B. A. 23, 94.)

Joach. Magdeburg 1572.

1. Barm_herz'_ger Va_ter, höchster Gott, ge_denk an dei_ne Wor_ te,
du sprichst: Ruf mich an in der Noth, und klopf an mei_ne Pfor_ te,
9. Ich hab' dich ei_nen Au_gen_blick, o lie_bes Kind, ver_las_ sen;
sieh' a_ber, sieh' mit grossem Glück und Trost ohn' al_le Ma_ssen:
so will ich dir Er_ret_tung hier, nach dei_nem Wunsch er_wei_ sen, dass
will ich dir schon die Freuden_kron auf_se_tzen und ver_eh_ ren. Dein
du mit Mund und Her_zensgrund in Freu_den mich sollst prei_ sen.
kur_zes Leid soll sich in Freud' und e_wig Wohl ver_keh_ ren.
18 Str. (Str. 1 u. 9 des Liedes: Barmherz'ger Vater. In der B. A. nur die 9 Str.)

P. Gerhardt 1656.

349. Was willst du dich, o meine Seele. (B. A. 39, Nº 172.)

Gottfr. Vopelius 1682

Was willst du dich, o meine See_le, krän _ ken? Meinst du, dass Gott nicht
kann an dich ge_den _ ken? Er weiss gar wohl, wann er dir hel _ fen
soll; denn er ist selbst der Gnad' und Gü _ te voll. Halt ihm nur stil _ _
le; es ge _ het so sein Wil _ _ le. Wie kann er dich doch
lassen in den Ban _ den. Du bist ja sei_ne Braut. Wer hofft in Gott und
dem ver _ traut, wird nim _ mer_ mehr zu Schan _ den.
(9 Str.)

? Dietr. von dem Werder † 165?

350. Welt, ade! ich bin dein müde.

(Cant. 27. Wer weiss, wie nahe mir mein Ende. B. A. 5 I, 244.)

Mel. u. Harm. von Johann Rosenmüller.

Sopr. I.
Sopr. II.
Alt.
Ten.
Bass.
Welt, a - de! ich bin dein mü - de, ich will nach dem Himmel zu, da wird sein der rech - te Frie - de und die ew' - ge stol - ze Ruh. Welt, bei dir ist Krieg und Streit, nichts, denn lau - ter Ei - tel - keit; in dem Him - mel al - le - zeit Frie - de, Freud' und See - lig - keit.
Welt, a - de! ich bin dein mü - de, ich will nach dem
ew' - ge stol - ze
und die ew' - ge stolze
und die ew' - ge stol - ze
und See - lig - keit.
(9 Str.)
und See - lig - keit.
und See - lig - keit.

Joh. G. Albinus 1649.

351. Weltlich Ehr' und zeitlich Gut. (B. A. 39, № 173.)

Vögelin G. B. 1563.

Weltlich Ehr' und zeit _ lich Gut, Wol_lust und al_ler Ü _ ber _
muth ist e _ ben wie ein Gras; al _ le Pracht und stolzer Ruhm verfällt wie ein' Wiesen_
blum; o Mensch, be _ denk' e _ ben das und ver _ sor _ _ ge dich doch bass.
(10 Str.)

Mich. Weisse 1531.

352. Wenn ich in Angst und Noth. (B. A. 39, № 174.)

M. A. v. Lowenstern 1644.

Wenn ich in Angst und Noth mein' Au _ gen heb' em _ por zu
dei _ nen Ber_gen, Herr! mit Seuf_zen und mit Fle _ hen, so reichst du mir dein
Ohr, dass ich nicht darf be _ trübt von dei _ nem Ant_litz ge _ hen.
(7 Str.)

M. A. v. Löwenstern 1644.

353. Wenn mein Stündlein vorhanden ist. (B.A. 39, No. 175.)

Kirchen Gesänge Frankfurt a. M. 1569.

Wenn mein Stündlein vor_handen ist und ich soll fahr'n mein' Stra_sse, so
g'leit du mich. Herr Je_su Christ, mit Hülf' mich nicht ver_las_se: mein' Seel' an meinem
letzten End' be_fehl' ich, Herr, in dei_ne Händ', du wirst sie wohl be_wah_ren.
wohl be_wah_ren.
(5 Str.)

Nic. Herman 1562.

354. Wenn mein Stündlein vorhanden ist. (B.A. 39, No. 176.)

Frankfurt a. M. 1569.

Wenn mein Stündlein vor_han_den ist und ich soll fahr'n mein' Stra_sse, so
g'leit du mich, Herr Je_su Christ, mit Hülf' mich nicht ver_las_se; mein' Seel' an meinem

letz - ten End' be - fehl' ich, Herr, in dei - ne Händ', du wirst sie wohl be - wah - ren. (3 Str.)

Nic. Herman 1562.

355. Wenn mein Stündlein vorhanden ist. (B.A. 39, № 177.)

Frankfurt a. M. 1569.

Wenn mein Stünd - lein vor - han - den ist und ich soll fahr'n mein'

Stra - sse, so g'leit du mich, Herr Je - su Christ, mit Hülf' mich nicht ver -

las - se: mein' Seel' an mei - nem letz - ten End' be - fehl' ich, Herr, in

dei - ne Händ', du wirst sie wohl be - wah - ren. (3 Str.)

Nic. Herman 1562.

356. Wenn mein Stündlein vorhanden ist.

(Cant. 95. Christus, der ist mein Leben. B. A. 22, 153.)

Frankfurt a. M. 1569.

Viol. I.
Weil du vom Tod er_standen bist, werd' ich im Grab nicht blei_ben, dein letztes Wort mein
Auffahrt ist, Tod's_furcht kannst du ver_trei_ben: denn wo du bist, da komm ich hin, dass
drum fahr ich hin
ich stets bei dir leb und bin. Drum fahr ich hin mit Freu_den.
5 Str. (Str. 4 des Liedes: Wenn mein Stündlein vorhanden ist.)

Nic. Herman 1562

357. Wenn mein Stündlein vorhanden ist.

(Cant. 31. Der Himmel lacht, die Erde jubiliret. B. A. 7, 50.)

Frankfurt a. M. G. B. 1561

Viol. I u. Tromp. I.
V. II.
So fah'r ich hin zu Je_su Christ, mein' Arm' thu ich aus_stre_cken;
so schlaf' ich ein und ru_he fein; kein Mensch kann mich auf_we_cken:

denn Je - sus Chri - stus, Got - tes Sohn, der wird die Him - mels -
thür auf - thun, mich führ'n zum ew' - gen Le - - - ben.
zum ew - gen Le - - ben.
5 Str. (Str. 5 des Liedes: Wenn mein Stündlein vorhanden ist.)

Nic. Herman 1562.

358. Wenn wir in höchsten Nöthen sein. (B. A. 39, № 178.)

Franz Eler 1588.

Wenn wir in höch - - sten Nö - then sein und
so ist dies un - - ser Trost al - lein, dass
wis - sen nicht, wo - aus und ein, und fin - den we - der
wir zu - sam - men ins - ge - mein dich an - ru - fen, du
Hülf' noch Rath, ob wir gleich sor - gen früh und spat,
treu - er Gott, um Ret - tung aus der Angst und Noth.
(7 Str.)

Paul Eber 1560.

359. Wenn wir in höchsten Nöthen sein. (B. A. 39 Nº 179.)

Franz Eler 1588.

Wenn wir in höchsten Nö - then sein und wis - sen nicht, wo aus und ein, und
so ist das un - ser Trost al - lein, dass wir zu - sam - men ins - ge - mein dich
fin - den we - der Hülf' noch Rath, ob wir gleich sor - gen früh und spat,
an - ru - fen, du treu - er Gott, um Ret - tung aus der Angst und Noth.
(7 Str.)

Paul Eber 1560.

360. Werde munter, mein Gemüthe.

(Cant. 146. Wir müssen durch viel Trübsal. B. A. 30, 190.)

Joh. Schop 1642.

Wer - de mun - ter, mein Ge - mü - the, und ihr Sin - nen geht her - für.
dass ihr prei - set Got - tes Gü - te, die er hat ge - than an mir,
da er mich den gan - zen Tag vor so man - cher schwe - ren Plag
hat er - hal - ten und be - schü - tzet, dass mich Sa - tan nicht be - schmitzet.
(12 Str.)

Text nur untergelegt; in der B. A. fehlt jede Textangabe.

Joh. Rist 1642.

361. Werde munter, mein Gemüthe. (Matthäus-Passion.) (B.A. 4, 173.)

Joh. Schop 1642.

Bin ich gleich von dir ge_wi_chen, stell' ich, mich doch wie_der ein.
Hat uns doch dein Sohn ver_gli_chen durch sein Angst und To_des_pein.
Cont.
Ich ver_leug_ne nicht die Schuld, a_ber dei_ne Gnad' und Huld
ist viel grö_sser als die Sün_de, die ich stets in mir be_fin_de.
12 Str. (Str. 6 des Liedes: Werde munter, mein Gemüthe.)

Joh. Rist 1642.

362. Werde munter, mein Gemüthe.

(Cant. 55. Ich armer Mensch, ich Sündenknecht. B. A. 12 II, 86.)

Joh. Schop 1642.

Bin ich gleich von dir ge_wi_chen, stell' ich mich doch wieder ein:
hat uns doch dein Sohn ver_gli_chen durch sein' Angst und To_des_pein.
Ich ver_leug_ne nicht die Schuld, a_ber dei_ne Gnad' und Huld
ist viel grö_sser als die Sün_de, die ich stets in mir be_fin_de.
12 Str. (Str. 6 des Liedes: Werde munter, mein Gemüthe.)

Joh. Rist 1642.

363. Werde munter, mein Gemüthe. (B. A. 39 No. 106.)

Joh. Schop 1642.

Je - su, mei - ner Freuden Freu - de, Je - su, mei - nes Glaubens Licht,
Je - su, mei - ner See - len Wei - de, Je - su, mei - ne Zu - ver - sicht,
Je - su, mei - ner See - len Won - ne, Je - su, mei - ne be - ste Lust,
Je - su, mei - ne Freuden - son - ne, Je - su, dir ist ja be - wusst,
o wie kömmt dein Na - me mir so ge - wünscht und lieb - lich für.
wie ich dich so herz - lich lieb' und mich oh - ne dich be - trüb';
Dein Ge - dächt - niss, Je - su, ma - chet, dass mein trau - rigs Her - ze la - chet.
6 Str. Wilh. Sacer 1671
d'rum, o Je - su, komm zu mir, und bleib bei mir für und für!
(19 Str.)

Mart. Jahn 1671

364. Werde munter, mein Gemüthe. (B. A. 39 No. 107.)

Joh. Schop 1642.

Je - su, mei - ner Freu - den Freu - de, Je - su, mei - nes Glau - bens Licht,
Je - su, mei - ner See - len Wei - de, Je - su, mei - ne Zu - ver - sicht,
Je - su, mei - ner See - len Won - ne, Je - su, mei - ne be - ste Lust,
Je - su, mei - ne Freu - den - son - ne, Je - su, dir ist ja be - wusst,

o wie kömmt dein Na _ me mir so ge _ wünscht und lieb _ lich für.
wie ich dich so herz _ lich lieb' und mich oh _ ne dich be _ trüb';
Dein Ge _ dächtniss, Je _ su ma _ chet, dass mein trau _ rig's Her _ ze la _ chet.
6 Str. Wilh. Sacer 1671.
d'rum, o Je _ su, komm zu mir, und bleib' bei mir für und für!
(19 Str.)

Mart. Jahn 1671.

365. Werde munter, mein Gemüthe.

(Cant. 154. Mein liebster Jesu ist verloren. B. A. 32, 65.)

Joh. Schop 1642.

Je _ su, mein Hort und Er _ ret _ ter, Je _ su, mei _ ne Zu _ ver _ sicht,
Je _ su, star _ ker Schlangen _ tre _ ter, Je _ su, mei _ nes Le _ bens Licht!
Wie ver _ lan _ get mei _ nem Her _ zen, Je _ su _ lein, nach dir mit Schmerzen!
Komm', ach komm', ich war _ te dein, komm' o lieb _ stes Je _ su _ lein!
19 Str. (Str. 2 des Liedes: Jesu meiner Seelen Wonne.)

Mart. Jahn (Janus) 1671.

366. Wer Gott vertraut, hat wohlgebaut. (B. A. 39 № 180.)

Joach. Magdeburg 1572.
Sethus Calvisius 1597.

Wer Gott ver_traut, hat wohl_ge_baut im Him_mel und auf Er_den, im Him_mel und auf Er_den;
Wer sich ver_lässt auf Je_sum Christ, dem muss der Him_mel wer_den, dem muss der Him_mel wer_den.
Da_rum auf dich all' Hoffnung ich ganz fest und steif thu' se_tzen. Herr Je_su Christ, mein Trost du bist in To_des_noth und Schmer_zen, in To_des_noth und Schmer_zen.
(3 Str.)

Joach. Magdeburg 1571.
(nur 1 Str.)

367. Wer nur den lieben Gott lässt walten. (B. A. 39 № 180.)

Georg Neumark 1640

Wer nur den lie_ben Gott lässt wal_ten und hof_fet auf ihn al_le_zeit,
den wird er wun_der_bar er_hal_ten in al_lem Kreuz und Trau_rig_keit.

Wer Gott dem Al - ler - höch - sten traut, der hat auf kei - nen Sand ge - baut.
(7 Str.)

G. Neumark 1640.

368. Wer nur den lieben Gott lässt walten.

(Cant. 88. Siehe, ich will viel Fischer aussenden. B. A. 20 I, 178.) G. Neumark 1640.

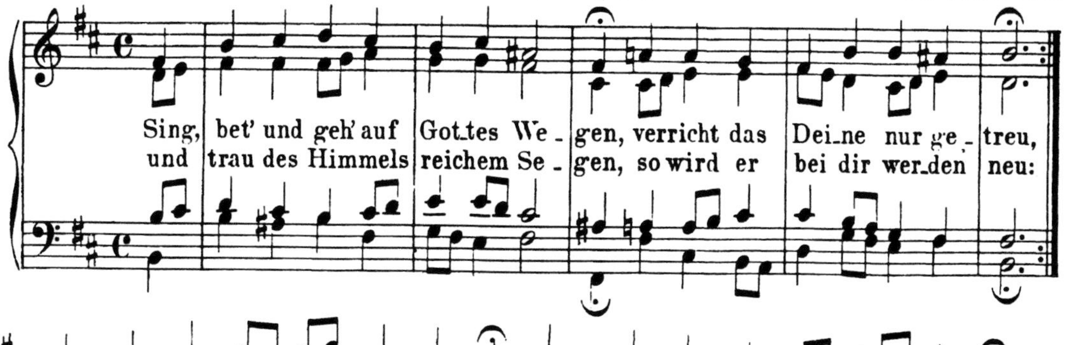
Sing, bet' und geh' auf Got - tes We - gen, verricht das Dei - ne nur ge - treu,
und trau des Himmels reichem Se - gen, so wird er bei dir wer - den neu:

denn wel - cher sei - ne Zu - ver - sicht auf Gott setzt, den ver - lässt er nicht.
7 Str. (Str 7 des Liedes: Wer nur den lieben Gott lässt walten.)

G. Neumark 1640.

369. Wer nur den lieben Gott lässt walten.

(Cant. 93. Wer nur den lieben Gott lässt walten. B. A. 22, 94.) G. Neumark 1640.

Sing, bet und geh auf Got - tes We - gen, ver - richt das Dei - ne nur ge - treu;
und trau des Himmels rei - chem Se - gen, so wird er bei dir werden neu:

denn wel - cher sei - ne Zu - ver - sicht auf Gott setzt, den ver - lässt er nicht.
7 Str. (Str 7 des Liedes: Wer nur den lieben Gott lässt walten.)

G. Neumark 1640.

370. Wer nur den lieben Gott lässt walten.

(Trauungscantate. Gott ist unsre Zuversicht. B. A. 13 I, 144.) G. Neumark 1640.

So wandelt froh auf Got_tes We_gen, und was ihr thut, das thut ge_treu!
Ver_die_net eu_res Got_tes Se_gen, denn der ist al_le Morgen neu:
denn wel_cher sei_ne Zu_ver_sicht auf Gott setzt den ver_lässt er nicht.
7 Str. (Etwas geänderte Str. 7 des Liedes: Wer nur den lieben Gott lässt walten.)

G. Neumark 1640.

371. Wer nur den lieben Gott lässt walten.

(Cant. 179. Siehe zu, dass deine Gottesfurcht nicht Heuchelei sei. B. A. 35, 292.) G. Neumark 1640.

Ich ar_mer Mensch, ich ar_mer Sün_der, steh' hier vor Got_tes An_gesicht.
Ach Gott, ach Gott ver_fahr' ge_lin_der, und geh' nicht mit mir in's Gericht.
Cont.
Er_bar_me dich, er_bar_me dich, Gott, mein Er_bar_mer. ü_ber mich!
(6 Str.)

Christoph Tietze 1663.

372. Wer nur den lieben Gott lässt walten.

(Cant. 166. Wo gehest du hin? B. A. 33, 122.) G. Neumark 1640.

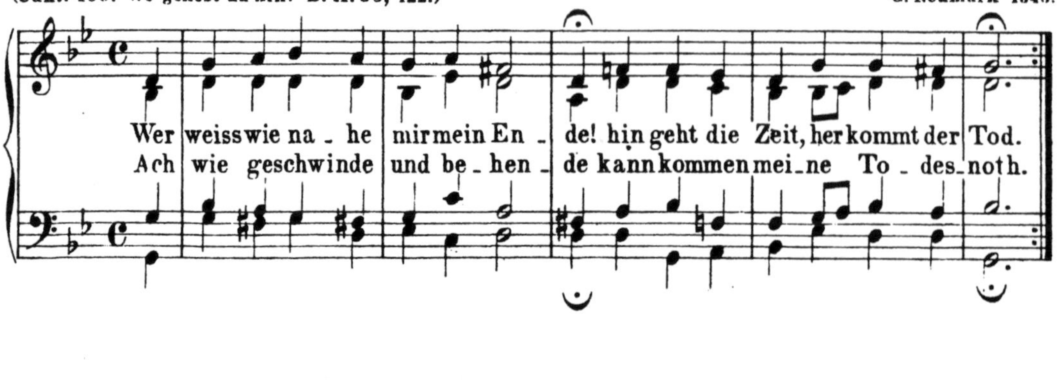
Wer weiss wie na_he mir mein En_de! hin geht die Zeit, her kommt der Tod.
Ach wie geschwinde und be_hen_de kann kommen mei_ne To_des_noth.

Mein Gott, ich bitt' durch Chri_sti Blut: mach's nur mit mei_nem En_de gut!
(12 Str.)

Aemilia Juliana, Gräfin zu Schwarzburg-Rudolstadt 1688.

373. Wer nur den lieben Gott lässt walten.

(Cant. 84. Ich bin vergnügt mit meinem Glücke. B. A. 20 I, 98.)

G. Neumark 1640.

Ich leb' in_dess in dir vergnü_get, und sterb' ohn' al_le Küm_merniss,
mir g'nü_get, wie es mein Gott fü_get, ich glaub' und bin es ganz gewiss:

durch dei_ne Gnad' und Chri_sti Blut machst du's mit mei_nem En_de gut.
12 Str. (Str. 12 des Liedes: Wer weiss, wie nahe mir mein Ende.)

Aemilia Juliana, Gräfin zu Schwarzb.-Rudolstadt 1688.

374. Wie bist du, Seele, in mir so gar betrübt. (B. A. 39 № 182.)

Christian Brunmann (Mart. Hanke) 1675.

Wie bist du See_le in mir so gar be_trübt? Dein

Hei_land le_bet, der dich ja treu_lich liebt, er_gieb dich gänz_lich

sei_nem Wil_len, er kann al_lein dein Trauern stil_len.

Tobias Zeutschner 1667

375. Wie schön leuchtet der Morgenstern. (B. A. 39. № 183.)

Philipp Nicolai 1599.

Wie schön leuchtet der Morgen_stern voll Gnad' und Wahrheit von dem Herrn, die
du Sohn Da_vids aus Jakobs Stamm, mein Kö_nig und mein Bräuti _ gam, hast
sü _ sse Wur_zel Jes _ se;
mir mein Herz be _ ses _ sen.
Lieb_lich, freundlich, schön und herrlich,
gross und ehr_lich, reich von Ga _ ben, hoch und sehr präch_tig er _ ha _ ben.
(7 Str.)

Ph. Nicolai 1599.

376. Wie schön leuchtet der Morgenstern.

(Cant. 172. Erschallet, ihr Lieder. B. A. 35, 69.)

Ph. Nicolai 1599.

Violine I.
Von Gott kommt mir ein Freu _ den_schein, wenn du mit dei _ nen
O Herr Je _ su, mein trau _ tes Gut, dein Wort, dein Geist, dein
Au _ ge _ lein mich freund_lich thust an _ bli _ _ cken.
Leib und Blut mich in _ ner _ lich er _ qui _ _ cken.

Nimm mich freund - lich in dein' Ar_me, dass ich war_me
werd' von Gna - - den: Auf dein Wort komm' ich ge - la - - den.
7 Str. (Str. 4 des Liedes: Wie schön leuchtet der Morgenstern.)

Ph. Nicolai 1599.

377. Wie schön leuchtet der Morgenstern.

(Cant. 36. Schwingt freudig euch empor. B. A. 7, 243.)

Ph. Nicolai 1599.

Zwingt die Sai_ten in Cy - tha_ra und lasst die sü - sse Mu - si - ca ganz
dass ich mö_ge mit Je - su_lein, dem wunder_schönen Bräut'gam mein, in
freuden_reich er - schal - len,
ste_ter Lie_be wal - len.
Sin - get, sprin - get, . ju - bi - li - ret,
tri_um_phi_ret, dankt dem Her - - ren! Gross ist der Kö_nig der Eh - ren.
7 Str. (Str. 6 des Liedes: Wie schön leuchtet der Morgenstern.)

Ph. Nicolai 1599.

378. Wie schön leuchtet der Morgenstern.

(Cant. 1. Wie schön leuchtet der Morgenstern. B. A. 1, 51.) Ph. Nicolai 1599.

Hörner.
Wie bin ich doch so herz - lich froh, dass mein Schatz ist das
Er wird mich doch zu sei - nem Preis auf - neh - men in das
Cont.
A und O, der An - fang und das En - - de!
Pa - ra - deis; des klopf ich in die Hän - - de.
A - men, A - men. Komm, du schö - ne Freu - den - kro - ne,
bleib nicht lan - ge: dei - ner ward ich mit Ver - lan - gen.
7 Str. (Str. 7 des Liedes: Wie schön leuchtet der Morgenstern.)

Ph. Nicolai 1599.

379. Wir Christenleut'.

Dresden G. B. 1593.

(Cant. 40. Dazu ist erschienen der Sohn Gottes. B. A. 7, 377.)

1. Wir Chri - sten - leut', wir Chri - sten - leut, hab'n jetz - und Freud', weil
3. Die Sünd' macht Leid, die Sünd' macht Leid, Chri - stus bringt Freud', weil
uns zu Trost ist Chri - stus Mensch ge - bo - ren; hat uns er - löst, wer
er zu Trost in die - se Welt ge - kom - men. Mit uns ist Gott nun
sich dess tröst't und gläu - bet fest, soll nicht wer - den ver - lo - ren.
in der Noth: wer ist, der uns als Chri - sten kann ver - dam - men?
5 Str. (Str. 1 u. 3 des Liedes: Wir Christenleut'. In der B. A. nur die 3. Str.)

Caspar Füger um 1552.

380. Wir Christenleut.

Dresden G. B. 1593.

(Cant. 110. Unser Mund sei voll Lachens. B. A. 23, 324.)

Al - le - lu - ja! ge - lobt sei Gott! sin - gen wir All' aus
un - sers Her - zens Grun - de; denn Gott hat heut' ge -
macht solch Freud', der wir ver - ges - sen soll'n zu kei - ner Stun - de.
5 Str. (Str. 5 des Liedes: Wir Christenleut'.)

Caspar Füger um 1552.

381. Wir Christenleut'. (Weihnachts-Oratorium. B. A. 5 I, 126.) Dresden G. B. 1593.

Seid froh, dieweil, seid froh, die_weil dass eu_er Heil ist
Cont.
hie ein Gott und auch ein Mensch ge_bo_ren, der wel_cher ist der
Herr und Christ in Da_vids Stadt von Vie_len aus_er_ko_ren.
(Stark veränderte Str. 2 des Liedes: Wir Christenleut'.)

382. Wir glauben all' an einen Gott. (B. A. 39. № 184.) Joh. Walter G. B. 1524.

Wir glau_ben all an ei_nen
Gott. Schöpfer Him_mels und der Er_den. der sich zum

Va - ter ge - ben hat, dass wir sei - ne Kin - der wer - den.
Er will uns all - zeit er - näh - - ren, Seel' und Leib auch wohl be -
wah - - ren, al - lem Un - fall will er weh - - ren, kein
Leid soll uns wi - der - fah - - ren, er - sor - - - - -
- get für uns. hüt t und
wacht es steht Al - les in sei - ner Macht.
(3 Str.)

M. Luther 1524.

383. Wo Gott der Herr nicht bei uns hält. (B. A. 39. No 6.)

Jos. Klug G. B. 1535.

Wo Gott der Herr nicht bei uns hält, wenn unsre Fein_de to_ben.
und Er uns_rer Sach' nicht zu_fällt im Himmel hoch dort o_ben,
wo Er I_sraels Schutz nicht ist und sel_ber bricht der Feinde List, so ist's mit uns ver_lo_ren.
(* Str.)

Justus Jonas 1524

384. Wo Gott der Herr nicht bei uns hält.

(Cant. 178. Wo Gott der Herr nicht bei uns hält. B. A. 35, 272.)

Jos. Klug G. B. 1535

1. Die Feind sind all in dei_ner Hand, da_zu all ihr Ge_dan_ken;
ihr An_schläg' sind dir wohl be_kannt: hilf nur, dass wir nicht wan_ken.
2. Den Him_mel und auch die Er_den hast du, Herr Gott, ge_grün_det.
Dein Licht lass uns hel_le wer_den, das Herz uns werd' ent_zün_det
Ver_nunft wi_der den Glau_ben ficht, aufs Künf_tig will sie trau_en nicht, da du wirst sel_ber trö_sten.
in rech_ter Lieb' des Glau_bens dein, bis an das End' be_stän_dig sein: die Welt lass im_mer mur_ren!
* Str. (Str. 1 u. 8 des Liedes: Wo Gott der Herr nicht bei uns hält.)

Justus Jonas 1524.

385. Wo Gott der Herr nicht bei uns hält. (B. A. 39, 4.)

Jos. Klug G. B. 1535.

Ach lie-ben Chri-sten, seid ge-trost; wie thut ihr so ver-za-gen,
weil uns der Herr heim-su-chen thut? lasst uns von Her-zen sa-gen:
die Straf' wir wohl ver-die-net han solch muss be-ken-nen
Je-der-mann; Nie-mand darf sich aus-schlie-ssen.
(6 Str.)

Joh. Gigas (Heune) 1561.

386. Wo Gott der Herr nicht bei uns hält.

(Cant. 114. Ach lieben Christen, seid getrost. B. A. 24, 108.)

Jos. Klug G. B. 1535.

Wir wa-chen, o-der schlafen ein, so sind wir doch des Her-ren;
auf Christum wir ge-tau-fet sein, der kann dem Sa-tan weh-ren.
Durch A-dam auf uns kömmt der Tod, Chri-stus hilft uns aus
al-ler Noth, Drum lo-ben wir den Her-ren.
6 Str. (Str. 6 des Liedes: Ach lieben Christen, seid getrost.)

Joh. Gigas (Heune) 1561.

387. Wo Gott der Herr nicht bei, uns hält.

(Cant. Siehe, es hat überwunden der Löwe. B. A. 41, 258. Echtheit fraglich.)

Trompeten.

Jos. Klug G. B. 1535.

1. O Gott, der du aus Her-zens-grund die Men-schen-kin-der lie-best;
und uns zu al-ler Zeit und Stund' viel Gu-tes reich-lich gie-best:
Wir dan-ken dir, dass dei-ne Treu bei uns ist al-le Mor-gen neu in un-serm gan-zen Le-ben.
9. Lass dei-ne Kirch' und un-ser Land der En-gel Schutz em-pfin-den,
dass Fried' und Freud' in al-lem Stand ein Je-der mö-ge fin-den:
Lass sie des Teu-fels Mord und List, und was sein Reich und An-hang ist, durch dei-ne Kraft zer-stö-ren.
10. Zu-letzt lass sie an un-serm End' den Sa-tan von uns ja-gen,
und uns-re Seel' in dei-ne Händ' und A-bra-hams Schooss tra-gen,
da al-les Heer dein Lob er-klingt und Hei-lig! Hei-lig! Hei-lig! singt, ohn' ei-ni-ges Auf-hö-ren.
10 Str. (Str. 1, 9 u. 10 des Liedes: O Gott, der du aus Herzensgrund. In der B. A. nur die 9. u. 10. Str.)

Justus Gesenius 1646

388. Wo Gott der Herr nicht bei uns hält. (B. A. 39. No 5.)

Jos. Klug G. B. 1535.

Wär' Gott nicht mit uns die_se Zeit, so soll I_sra_el sa_gen:
wär' Gott nicht mit uns die_se Zeit, wir hät_ten musst ver_za_gen,
die so ein ar mes Häuf_lein sind, ver_acht' vor so viel
Men_schen_kind, die an uns se_tzen Al_le.
(3 Str.)

M. Luther 1524.

389. Wo Gott zum Haus nicht gibt sein' Gunst. (Ps. 127.)

(B. A. 39. No 185.)

Jos. Klug G. B. 1535.

Wo Gott zum Haus nicht gibt sein' Gunst, so ar_beit' je_der Mann umsonst: wo
Gott die Stadt nicht selbst be_wacht, da ist um_sonst der Wächter Macht.
(5 Str.)

? Johann Kolross 1525.

Kalmus